군대에 대해 말하지 않는 것들

군대에 대해 말하지 않는 것들

#남성성 #젠더 #퀴어 #동물 #AI

초판 1쇄 발행 2024년 1월 5일

기획	피스모모 평화페미니즘연구소
지은이	김엘리 백승덕 심아정 장박가람 조서연 추지현 허윤
펴낸이	이영선
책임편집	김선정

편집	이일규 김선정 김문정 김종훈 이민재 김영아 이현정
디자인	김회량 위수연
독자본부	김일신 정혜영 김연수 김민수 박정래 손미경 김동욱

펴낸곳 서해문집 | 출판등록 1989년 3월 16일(제406-2005-000047호)
주소 경기도 파주시 광인사길 217(파주출판도시)
전화 (031)955-7470 | 팩스 (031)955-7469
홈페이지 www.booksea.co.kr | 이메일 shmj21@hanmail.net

ⓒ 피스모모 평화페미니즘연구소, 2024
ISBN 979-11-92988-42-9 03300

군대에 대해 말하지 않는 것들

#남성성 #젠더 #퀴어
#동물 #AI

피스모모 평화페미니즘연구소 기획
김엘리 백승덕 심아정 장박가람
조서연 추지현 하윤

#오빠는 군대에서 무엇을 할까? '신성한 국방의 의무'가 국방·안보 엔터테인먼트 《강철부대》 '이미 한 성인 남자들'의 군대 #남성들은 무엇이 억울한가? 억울함의 감정정치와 여성징병제 #병역거부 제 판은 성적 지향을 어떻게 다루는가, #싸구려판타지 #싸구려판타지 임여·바라기 #군병영 추행자의 위태로운 존속과 상계적 이상에 #내발의 전우·라는 세포들, 비국민·비인간존재들의 인터뷰 문다 #인공지능 무기는 평화를 가져올 수 있을까, '전쟁'과 '안보' 다시 묻기

서해문집

머리말

군대는 너무나 자연스러운 국가 장치다. 군대는 우리 일상이 일어나는 주변 지역, 그곳에 항상 있다. 국민-남성이라면 당연히 군대에 가는, '남성의 생애 경로'를 우리는 별로 의심하지 않는다. 누가 군인의 몸으로 적절하고 효율적인가, 라는 물음도 군대에 가는 여성과 성소수자의 존재가 드러날 때에야 비로소 곱씹어진다. 물론 군대에는 사람만 있는 것도 아니다. 인간과 동물, 무기와 사물, 군사기술, 기지 등이 서로 연결되어 작동한다.

그러나 우리는 이들의 존재를 하나하나 세밀하게 짚지 못했다. 역사적으로 군대는 공론장에서도 예외 지대가 되기 일쑤였다. 국민의 군대이지만 국민은 군대에 관해 안전하게 말하지 못했다. 무엇보다 국민의 안전한 삶을 위해 존재하는 군대가 오히려 시민들을 불안하게 만들고 위험에 빠뜨릴 때, 군대의 군사안보가 진정 안전한 삶을 보장하는가 하는 의구심도 주었다.

이 책은 당연하고 자연스러운 군대의 존재를 '퀴어하게'(queer: 별난, 이상한) 만든다. 말하자면, 낯설게 만들어서 그 존재를 드러내고자 한다. 그래서 군대가 어떻게 작동하고 사회에서 무엇을 하는가를 주목한다. 군대를 '퀴어하게' 만든다는 것은, 군대의 보편화와 정상성을 당연한 것으로 여기는 사유를 낯설게 만드는 일이다. 또한 군대가 이원화된 젠더체제를 바탕으로 조직되고 운영되는 원리를 밝혀내는 일이며, 그 이원화의 경계가 만들어지는 힘을 드러내고 심문하는 작업이기도 하다.

이 책의 전반부는 군대의 보편화와 정상화가 당연한 것으로 여겨지는 현실이 무엇을 통하여 구성되는가를 이야기한다. 여기서 저자들은 군대가 이성애주의에 기반한 젠더화된 사회제도임을 상기시킨다. 그리고 이 제도가 신자유주의 맥락에서 어떻게 작동하는가를 보여준다. 먼저 허윤은 군인들을 위무하는 엔터테인먼트에서 군대를 어떻게 재현하고 홍보하는가, 즉 군대가 엔터테인먼트로 활성화되는 상황을 설명한다. 그러면서 강제된 노동으로 운영되는 군대가 어떻게 자연스럽게 일상적으로 소비되는가를 보여준다. 조서연은 더 나아가, 군대가 '남성성의 자연화'를 바탕으로 운영되고 있음을 강조한다. 군대를 다루는 미디어 콘텐츠들이 남성-군인 되기의 과정을 재현해왔음에 주목하고, 이 콘텐츠들이 초(超)남성성의 이미지를 어떻게 강화하는가를 살핀다. 그런데 이들이 군대의 규범을 재현하면 할수록 그 규범은 어딘가 어긋나고 우스꽝스럽다.

김엘리 역시 최근 병역의무의 공정성을 주장하며 '여성징병제'를 지목하는 현실에서 징병제가 얼마나 자연스러운 사회제도인가를 읽는다. 그래서 여성이 군 복무를 할 것인가 말 것인가의 단선적인 물음을 넘어, 사회가 병역의무를 매개로 어떻게 조직되고 움직이는가를 보아야 한다고 강조한다. 그래야 비로소 남성을 '피해자'로 묶어두지 않고, 남성들이 병역에 대해 갖는 두려움과 억울함, 불안을 밀도 있게 볼 수 있다고 말한다.

백승덕과 추지현은 군 관련 법정과 심사에서 젠더/섹슈얼리티가 어떻게 다루어지는가를 세밀하게 살핀다. 백승덕은 병역거부 대체역 심사에서, 획일적인 남성문화와 폭력성에 대한 저항이나 개인의 성적 지향이 병역거부 사유로 인정되지 못하는 관행들을 정교하게 분석한다. 그래서 병역거부의 신념이 한 개인의 삶의 여정에서 여러 요소가 뒤얽혀 구성되는 다층성을 눈여겨보지 못한 채, 후루룩 읽고 버려지게 되는 무감각을 일깨운다. 그리고 추지현은 최근 2023년 헌법재판소가 합헌 판결한 군형법 추행죄를 톺아본다. '항문성교나 그 밖의 추행을 한' 군인(또는 준군인)을 처벌하는 군 추행죄는 군대 내 여성 성폭력이나 여군의 젠더화된 직무 배치와 차별, 성소수자의 배제를 야기하는 이분법과 동일한 틀에서 작동하므로, 이 역시 젠더폭력의 차원에서 다루어져야 한다고 저자는 주장한다. 그래서 각 정책들을 분절적으로 다루기보다는 총체적으로 문제화하고, 성소수자와 여성의 경험을 젠더의 관점에서 서로 잇는 작업이 필요하다고 강조한다.

군대 이야기는 대개 인간 중심이다. 그러나 이 책은 경직된 이분법적 젠더체제에서 비인간존재가 위협받는 현실로까지 논의를 확대한다. 심아정은 전쟁에 동원되는 동물들의 군사노동에 대해 심문한다. 이 동물들을 대리노동을 하는 '난민화'된 존재라고 보고, 이를 만들어내는 권력 메커니즘을 문제화한다. 한편 장박가람은 인명피해를 최소화할 것이라는 믿음 위에서 개발된 AI무기의 폭력성을 폭로한다. AI무기들은 자율 운용되면서 사람들이 느끼는 살상의 책임과 부정적인 감각을 약하게 만들고, 전쟁을 마치 게임하듯이 가벼이 여기게 하리라고 저자는 진단한다. 그뿐 아니라 AI시스템은 안보체제에 걸림이 되는 존재들에 대해 차별과 폭력을 지속시킬 것이라고 내다본다. 그래서 두 저자는, 동물과 AI라는 비인간존재가 각기 다른 방식으로 동원되고 사용되지만 이원화된 젠더에 기반한 군사 안보체제가 변화하지 않는 한 폭력의 현실은 지속될 것이라는 견해에서 만난다.

이 책의 저자들은 여성학, 사회학, 국문학, 역사학, 정치학, 평화교육학 등 자신의 전공 분야에서만이 아니라, 개별 학문 분야를 가로지르며 군대와 징병제, 군사주의, 전쟁과 군사 활동에 관해 연구하고 글을 써왔다. 그리고 젠더, 섹슈얼리티, 인종의 정치학이라는 관점으로 접근하면서 말 그대로 군대와 사회에서 '말하지 않는' 것들을 포착하고 드러내는 작업을 해왔다.

특히 저자들은 피스모모 평화페미니즘연구소 연구위원으로서 세미나와 발표를 함께 하면서 이 책을 산출했다. 페미니즘평화학 포럼에서 발표한 글을 비롯하여 교육강좌와 토론회, 강의에서 발표한 내용들이 연결되고 모여서 하나의 글이 되고 책이 되었다. 백승덕은 평화페미니즘연구소 연구위원은 아니지만 병역 논의를 깊이 있게 만든 주역으로서 연구소가 주최하는 국제 심포지엄에 참여했고, 이 책에 실은 글은 그때의 발표문을 바탕으로 한다. 이렇듯 저자들의 오랜 헌신과 기여가 이 책을 탄생시켰다.

　또한 저자들의 글을 함께 읽고 토론하며 더 나은 책을 위한 공동 작업에 애써준 심아정 연구팀장, 이슬기 연구위원, 오미영 연구위원에게 진심으로 고마움을 전한다. 특히 오미영 연구위원은 원고를 취합하고 일정을 조율하면서 출판 진행을 위해 노고를 아끼지 않았다. 그리고 여기에 이름을 일일이 밝히지는 못하지만, 세미나와 포럼을 함께 하며 비평과 비전을 나눈 피스모모 평화페미니즘연구소 연구위원들의 지지가 큰 힘이 되었다. 책 출판을 기꺼이 맡아준 서해문집 출판사와 김선정 편집자에게도 깊이 감사드린다.

　아무쪼록 이 책이 군대에 대한 사회적 논의를 확장하고 섬세한 공론을 만들면서 여러 교육 현장에서 다양하게 활용되기를 희망한다.

저자들을 대신하여
피스모모 평화페미니즘연구소 소장 김엘리

.

오빠는 군대에서 무엇을 할까?

:

'신성한 국방의 의무'와
국방 엔터테인먼트

원준

영점으로서의
군대

해마다 10월 육군본부는 계룡대 비상활주로에서 '지상군 페스티벌'을 개최한다. 장비탑승, 병영훈련 체험에서부터 군 복무 중인 아이돌, 가수 등의 공연이 어우러지는 대규모 축제다. 2018년에는 빅뱅의 태양과 대성이 히트곡을 불렀고, 2019년에는 아이돌 그룹 비투비의 멤버가 무대에 올랐다. 군 복무 중인 멤버를 응원하기 위해 그룹의 다른 멤버들이 게스트로 참여하여 무대에 오르기도 한다. 팬들은 '군백기(군 복무로 인해 활동하지 못하는 기간)' 동안 자신의 스타를 보기 위해 전국 각지의 군 홍보공연을 찾는다. 인기 아이돌이 입대 후 홍보공연을 진행하면, 팬들은 공연장을 찾아 '직캠'을 찍어 유튜브에 업로드한다. 동방신기의 최강창민과 슈

퍼주니어의 동해 등이 포함되었던 서울경찰홍보단 공연의 직캠은 유튜브에서 천만 뷰를 기록했다. 비활동기가 긴 그룹의 경우, 군대에 있는 동안 더 쉽게 얼굴을 볼 수 있다는 소리가 나올 정도다. 이로 인해 케이팝 팬들 사이에서는 한국 군대에 대한 관심이 높아지고 있다. 해외 팬들이 군 뮤지컬이나 군 홍보 공연장을 찾는 일도 적지 않다.

국민개병제가 실시된 1949년 이래, 의무병제는 한국 사회를 유지하는 중요한 틀이 되었다. 그러나 실제로 개병제가 국민 한 명 한 명의 삶에 직접 개입할 수 있게 된 것은, 주민등록제가 본격적으로 실시된 1968년 이후의 일이다. 그 전까지 적지 않은 남성들은 제대증을 위조하거나 호적을 바꿔치기하는 방식으로 병역을 기피할 수 있었다. 제3차 세계대전이 곧 벌어질지도 모른다는 분위기 속에서 군대에 가면 전쟁에 나가 죽을지도 모른다고 생각했기 때문이다. 돈이나 연줄이 없는 자만 군대에 간다는 인식이 팽배했다. 동시에 병역법은 공동체 내부의 적을 처단하는 데도 효과적으로 사용되었다. 1950년대 자체 경비원까지 세울 정도로 무법천지였던 신앙촌을 일시 단속하는 데 동원된 것은 병역법이었다. 정적을 처단하는 데도 병역법이 활용되었다. 성별을 정정하지 못한 퀴어를 단속하는 데도 병역법은 사용되었다. 이처럼 병역법이 국민 일반을 구속하는 데 사용된 것은 병역법이 토대로 한 안보가 외부가 아닌 내부를 향하고 있다는 것을 보여준다.[1]

개발기에는 '경제 안보'라는 말을 흔히 사용했다. 노동자들이 저임금으로 더 많은 이윤을 내는 것도, 중동에 가서 건설업에 종사하는 것도 국가 안보를 위한 일로 칭송받았다. 북한보다 잘사는 나라를 만드는 것이 곧 나라를 안전하게 만든다는 생각 때문이었다. 더 많이 생산하기 위해서라는 이유로 효율성을 중시하는 군사주의 문화가 자연스레 자리를 잡았다. 상명하복이나 기합, 얼차려 같은 군대식 문화가 일상에 녹아들었다. 이는 북한으로부터 나라를 지킨다는 국방의 의무나 목적을 전선이 아닌 후방의 한국 사회 일반에까지 확장한 결과다. 지난 2001년 부산대학교 여성주의 웹진 '월장'에 대한 사이버 공격은 대학 내 예비역 문화의 폭력성과 성차별주의를 고발했기 때문에 발생한 일이었다.

최근 군사주의 문화는 군대를 위안, 위문하거나 홍

---

1 이와 관련된 자세한 내용은 허윤, 〈1950년대 퀴어 장과 병역법·경범법을 통한 '성 통제'〉, 홍양희 외, 《'성'스러운 국민》, 서해문집, 2017, 85~111쪽 참조.

보하는 방식에서 더 나아가 군대가 만들어서 민간에 제공하는 방식으로 이루어진다. 군이 소비하는 것뿐 아니라 군이 생산하는 문화상품도 존재하는 것이다. 군대나 군인이 등장하는 드라마나 예능의 제작을 협찬하는 정도에서 그치지 않고 직접 제작하여 민간에 발신하기도 한다. 이 글은 군을 둘러싼 문화콘텐츠를 통칭하여 '국방 엔터테인먼트'로 정의하고 상품으로서의 엔터테인먼트를 통해 군 복무의 성격을 살펴보려 한다.

군인들을 위한
유흥거리로서의
엔터테인먼트

식민지 시기부터 1990년대 〈우정의 무대〉에 이르기까지, 국가는 군인들에게 다양한 방식의 엔터테인먼트를 제공한다. 일본은 1937년부터 무용수, 가수, 작가로 구성된 황군위문단을 전선으로 파견했다. 이 밖에도 위문대, 위문연예대, 위문단, 위문연예단, 위문반 등 다양한 이름으로, 연극, 노래, 무용 등을 공연하는 단체들이 전장을 찾았다. 미국도 제2차 세계대전 당시 단체위문단(United Service Organizations-Camp Shows Inc.)을 파견했다. 한국전쟁 후에는 주한미군을 위한 엔터테인먼트 쇼(Native Shows, Indigenous Shows)가 생겨났다. 훗날 유명 가수가 되는 윤복희, 패티김이 미8군 쇼에서 가수 생활을 시작했다.

1960년대 초반부터는 군납촉진법(법률 제979호)이 공포되어 공연대행업체들이 군납업자로 등록하게 되었다. 연예기획사가 공연을 대행하면서 공연의 규모와 질이 커지고 높아졌다. 작곡가에게 노래를, 안무가에게 춤을 배웠고, 무대의상이나 조명에도 투자했다. 이를 기점으로 출연자와 기획사 역시 임노동 관계로 전환되었다. 1960년대 중반 이후로는 베트남 파병군인 위문공연을 통해 해외시장을 개척하기도 했다.[2] 베트남전 위문공연은 한국연예협회와 공보부의 후원, 지지를 통해 장기적으로 지속되었다. 김세레나, 이미자, 윤복희, 패티김, 이금희, 박재란, 현미, 권혜경, 정훈희, 백금녀, 최은희, 남진, 나훈아, 윤일로, 서영춘, 구봉서 같은 연

---

2 미8군 쇼와 관련해서 김은경, 〈유희로서의 노동, 노동으로서의 유희-미8군 쇼단 여가수의 경험을 중심으로〉, 《아시아여성연구》 56(2), 숙명여자대학교 아시아여성연구원, 2017, 7~45쪽; 이유정, 〈태평양전쟁 전후 캠프 쇼의 계보와 미군의 동아시아 인식〉, 《한국문화연구》 36, 이화여자대학교 한국문화연구원, 2019, 213~243쪽 참조.

예인들이 대중가요와 춤을 선보였다.[3] 미8군 쇼단의 공연은 빅밴드의 반주로 댄스 타임을 시작하고, 일부 공연에서는 스트립 댄서가 등장하기도 했다. 이런 방식은 한국군 위문행사에서도 마찬가지였다. 군인으로 징집된 젊은 남성들을 위해 유흥을 제공해야 했고, 여기에 젊고 예쁜 여성들이 동원되었다.

위문공연 형식의 엔터테인먼트 중 한국 사회에서 가장 친숙한 것은 〈우정의 무대〉(MBC, 1989~1997)다. 1990년대 MBC의 대표적인 주말 예능 프로그램이었으며, 군부대를 방문하여 특별휴가를 걸고 장기자랑을 하고, '그리운 어머니'라는 코너를 통해 부대를 방문한 어머니와 아들의 재회를 상연하기도 했다. 그런데 방송되지 않는 2부 행사에서는 "스트립쇼보다 더 야한" 공연을 진행했다고 한다.[4] 남성 군인을 위문, 위로하기 위해 성애화된 여성성을 제공하는 형식의 엔터테인먼트는 선정성의 수위 차이만 있을 뿐이지 한국 사회에 일상화되어 있다. 인기가 없던 시절 군부대 위문공연으로 화제가 된 걸그룹의 '역주행' 신화는 '군통령'이라는 말

3 이진아, 〈베트남전 위문공연에 관한 젠더론적 연구 II (1964~1973)〉, 《한국학》 44(1), 한국학중앙연구원, 2021, 79~108쪽.

4 이상용, JTBC 인터뷰, 2013. 5. 8., https://news.jtbc.co.kr/article/article.aspx?news_id=NB10275067

로 드러난다. EXID의 〈위아래〉와 브레이브걸스의 〈롤린〉 등은 군부대 공연 영상이 인터넷과 SNS를 통해 인기를 끌어서 그룹의 이름을 알린 대표적인 사례다.[5] 페미니스트 문화연구자 조서연은 '군통령'이 군사조직의 사기를 진작하려는 군 당국과, 군 위문 퍼포먼스를 활용하여 연예인의 입지를 높이려는 엔터테인먼트 업계, 그리고 이를 콘텐츠화하여 수익을 창출하려는 미디어 업계의 결속과 이에 대한 군인들의 호응이 결합하여 탄생한 것으로 설명한다.[6] 군인들 역시 문화상품의 소비자로서 자신의 역능을 확인한 셈이다.

---

5   두 그룹 다 데뷔 초 인기가 없어서 고전을 면치 못할 때, 국방TV의 〈위문열차〉 공연을 자주 다녔고 이 직캠 영상으로 화제를 모았다. 디시인사이드의 위문열차 갤러리에서 2014~2021년 5월까지 〈위문열차〉 출연자 통계를 분석했는데, 라붐 60회, 브레이브걸스 60회, 서문탁 36회, 베리굿 35회, 키썸 35회, 워너비 34회, 울랄라세션 32회 등 30회 이상 공연한 대부분의 가수가 여성이다.

6   조서연, 〈팬들이 만들어낸 '군통령'의 시대〉, 전쟁없는세상 블로그, 2021. 5. 31., http://www.withoutwar.org/?p=18147

군대/군사주의를
홍보하는 방식의
엔터테인먼트

군인들을 위무하는 방식의 엔터테인먼트가 국방 엔터테인먼트의 한 축이라면, 다른 한 축으로 군대를 재현하고 홍보하는 방식의 엔터테인먼트가 등장한다. 군대를 배경으로 한 예능 프로그램과 〈리얼입대 프로젝트: 진짜 사나이〉(MBC, 2013~2016; 이하 〈진짜 사나이〉)의 성공은 군대를 예능화할 수 있다는 가능성을 보여주었다. 〈진짜 사나이〉는 군대 경험이 없는 여성이나 외국인, 미필인 남성, 혹은 제대한 지 오래된 사람들이 군대 생활을 통해서 성장하는 모습을 다룬 관찰 예능이다. 육군본부의 지원과 협조 아래 일반 부대뿐 아니라 수색대, 최전방 GOP, 특공대, 군악의장대 등의 부대를 다니며 각 부대의 특징을 살려서 제작되었다. K9 자주곡사포, 치누크 헬기, 코브라 헬기 등의 도하훈련은 한국 군대의 기술력을 보여주었고, 현역 군인들과 함께 병영 생활을 체험하여 '군인 되기'의 과정을 다룬다. 가공된 예능의 형태이기는 하지만, 군대 생활을 공개한다는 측면에서 화제가 되었다. 처음에는 육군으로 시작했지만, 예상 밖의 성공을 거두자 해군, 공군에서도 촬영을 요청했다고 한다.[7] 특히 〈진짜 사나이-여군 특집〉은 각종 '짤'을 양산하며 엄청난 화제를 모았다. "한심하고 모자란 존재인 여성들을 군대에 보내서 고생하는 꼴을 구경하고는 싶지만 그 고생을 통과의례 삼아 남자들과 동등해지는 것은 허락하지 않겠다는 의중"[8]을 드러내는 〈진짜 사나이〉는 군대를 다룬 예능이 성공할 수 있다는 전례를 만들었다.

〈진짜 사나이〉의 성공은 한국 사회에서 군대가 일상화되어 있는 동시에 비가시화되어 있는 지점을 잘 파고든 결과다. 남성 청년 일반에게 병역의 의무가 주어지는 상황에서 군대를 전문적으로 다룬 예능이나 드라마가 드물었다는 점은 이를 뒷받침한다. 하지만 적극적인 육군본부의 홍보 전략과 그에 따른 성공, 군인의 강한 신체에 대한 관심 등으로 인해 군대와 군인은 최근 엔터테인먼트 업계에서 인기를 끌고 있다. 〈강철부대〉(채널A, 2021)는 해군 특수전전단(UDT), 해군 해난구조전대(SSU), 해병대수색대, 헌병특수임무대(SDT), 제

7   〈진짜 사나이 해군 "이번엔 해군이다" 지속적인 러브콜로 성사!〉, SBS 연예뉴스, 2013. 9. 27., https://entertain.naver.com/read?oid=416&aid=0000040225

8   조서연, 〈'진짜 사나이'와 '여자 군인', 신자유주의 시대의 젠더화된 군사주의〉, 《문화과학》 83, 문화과학사, 2015, 129쪽.

707특수임무단, 특전사 등 특수부대를 전역한 군인들이 체력과 정신력을 겨루는 프로그램으로 화제를 모았다. 특수부대 출신 연예인이나 유튜버를 멤버로 포함시켜서 팀장 역할을 부여했으며, 전략분석팀이라는 이름으로 'MC 부대'를 편성하여 오락성을 가미했다. MC 중 여자 아이돌을 한 명 포함시키기도 했다. 〈강철부대〉의 인기로, 박군이나 육준서 등의 출연자들이 이후 다른 예능 프로그램에 게스트로 참여하는 등 인기를 모으기도 했다. 군대 예능을 분석한 조서연은 〈강철부대〉가 한국의 국방력을 과시하는 방식의 연출을 보여주었다는 점에서 특징적이라고 지적한다. 영화처럼 전시되는 하드바디의 남성 신체는 '국방력 세계 6위'라는 한국의 군사력을 강조한다.[9]

〈강철부대〉의 성공에 힘입어 유사한 방식의 밀리터리 서바이벌 프로그램이 공중파 TV에서 방영된다. 각 부대를 대표하는 방식으로 구성된 〈강철부대〉와 달리 〈더솔져스〉(SBS, 2021~2022)는 출신이 다른 사람들을 섞어서 팀을 구성했다. 게다가 해외 특수부대(미국의 그린베레, 영국의 SAS 등) 경험자들을 팀장으로 초빙하

---

9   조서연, 〈'이미 완성된 남자들'의 군대〉, 《문학동네》 2021년 겨울호, 문학동네, 159~179쪽.

여 팀전을 지휘하고 참여하도록 했다. 연예인이나 유튜버 등의 인플루언서 없이 예비역들로만 모아놓았고 서바이벌 장면을 길게 편집하는 등 예능적 재미는 덜하다. 해병대수색대 출신인 김상중이 교양 프로그램 방식으로 진행하는 것도 특징이다. 이를 통해 강조하는 것은 한국 군대의 강함이다. 외국의 특수부대원이 한국의 특수부대원을 평가하고, 함께 팀 미션을 수행하면서 한국 군대의 역량을 강조한다. 밀리터리 서바이벌 프로그램의 인기에 강한 국방력에 대한 과시가 포함되어 있다는 점을 알 수 있다. 특수부대와 같은 형식이 아니더라도 군 생활을 성실하게 이행한 남자 연예인의 경우, 제대 후 성공적인 복귀로 이어지기도 한다. 동방신기의 유노윤호는 군 생활 당시 부사관 제의를 받을 만큼 성실하게 복무했다는 점을 근거로 '열정윤호'와 같은 캐릭터를 얻기도 했다. 군 입대 이후 복귀를 장담하기 어려웠던 남자 아이돌 시장은 동방신기와 슈퍼주니어 등의 성공적인 복귀 이후 새로운 가능성을 보여주기도 했다. 군대 생활 역시 하나의 스펙으로 연결할 수 있는 것이다. 이는 한국의 군사주의 문화가 신자유주의의 능력주의와 만나 이루어진 결과다.

군대노동으로서의
국방 엔터테인먼트

　　군대를 홍보하고, 군인을 위로하는 것에 더해 최근 한국의 국방 홍보에서 가장 눈에 띄는 특색은 군대가 제작하여 민간에 보급하는 엔터테인먼트다. 예를 들어 1961년 라디오 방송으로 시작된 〈위문열차〉는 2005년 국방TV 개국 이래 TV 방송을 병행하면서 송출 중이다. 〈위문열차〉에는 걸그룹을 비롯한 여성 가수들이 주로 등장하지만, 현재 군인 신분인 연예인들도 자주 출연한다. 소속사에서 〈위문열차〉의 스케줄을 미리 올려서 알려주는 것은 물론이고, 〈위문열차〉 방송을 팬들이 감상하고 움짤을 만드는 등 다양한 팬 활동이 이루어진다. 국방TV가 비하인드 사진을 올려주는 등 '군백기' 공식 스케줄인 셈이다. 이런 국방 엔터테인먼트 중 가장 대표적인 것이 군 뮤지컬이다.

　　국군의 날을 전후로 하여 국방부는 매년 군 복무 중인 연예인을 주연으로 내세운 대작 뮤지컬을 제작하여 선보인다. 넓은 의미에서는 군대를 홍보/재현하는 방식에 속한다고 볼 수 있지만, 국가가 의도를 가지고 제작한 계몽 선전영화인 문화영화와 마찬가지로 제작을 국방부가 하는 국민 대상의 엔터테인먼트라는 점에서 차이가 있다.[10] 국방부가 오디션을 통해 선발한 군인들과 뮤지컬 배우 등이 힘을 합쳐 제작되는 군 뮤지컬은 2008년 〈MINE〉(제작: 육군본부, 출연: 강타, 양동근)을 시작으로, 2010년 〈생명의 항해〉(제작: 육군본부, (사)한국뮤지컬협회, 출연: 이준기, 주지훈), 2013년 〈더프라미스〉(제작: 육군본부, (사)한국뮤지컬협회, 출연: 김무열, 정태우, 이특) 등이 간헐적으로 제작되었다. 이후 2018년 지창욱, 강하늘, 김성규(인피니트), 온유(샤이니) 등이 참여한 〈신흥무관학교〉(제작: 육군본부, 쇼노트)는 143회 공연에 누적 관객 수 11만 명을 기록하여 국방부 제작 뮤지컬 중 이례적으로 관객 동원에 성공했고, 전국 투어도 진행했다. 평상시라면 한 공연에 모으는 것이 불가능한 배우와 가수들이 주조연으로 등장하기 때문에 그들의 팬이 아니더라도 관심을 가질 만한 공연이었다. 뮤지컬계에서 명성이 있는 이희준-박정아 콤비가 곡을 맡았으며, 대극장 공연을 통해 더 많은 관객과 만났다. 공연장에서 무대에 선 캐스트에게 팬레터를 보낼 수 있는 팬

---

10 문화영화는 "사회, 경제, 문화의 제 현상 중에서 교육적, 문화적 효과 또는 사회풍습 등을 묘사 설명하기 위해 사실 기록을 위주로 제작된 영화"(법률 제955호 제2조 5항)로, 제작의 목적을 강조한다. 〈월남전선 이상 없다〉(1966), 〈월남전선〉(1966)과 같은 전쟁 홍보물에서부터 〈주부일기〉(1968)에 이르기까지 다양하다.

레터함도 만들어졌다. '뮤지컬 강자'라 불릴 만큼, 국 방부 제작 뮤지컬의 인기는 대단하다. 〈신흥무관학교〉 의 흥행 이후 매년 국방부 제작 뮤지컬이 발표되었다. 2019년에는 한국전쟁 유해발굴감식단의 이야기를 다 룬 〈귀환〉(제작: 육군본부, 인사이트엔터테인먼트)을 무대에 올렸다. 온유(샤이니), 도경수(엑소), 이홍기(FT아일랜드) 등이 메인 캐스트였던 〈귀환〉은 1차 예매가 시작되자 마자 매진행렬을 기록했고, 티켓 대행사기에 주의하라 는 문구가 붙을 만큼 인기를 끌었다. 인기 아이돌 그룹 멤버들이 더블 캐스팅으로 공연을 이어가기 때문이다. 팬들에게 군 뮤지컬은 콘서트홀보다는 가까운 거리에 서 자신의 스타를 볼 수 있다는 장점이 있다. 해외 팬들 역시 공연장 곳곳에 등장했으며, 2020년의 온라인 스 트리밍 서비스 댓글창에는 중국어, 일본어, 영어로 된 응원 메시지가 가득했다.

〈신흥무관학교〉와 〈귀환〉의 잇따른 성공은 육군본 부의 뮤지컬 제작에 힘을 실어주었다. 2021-2022 시 즌에는 유엔 가입 30주년으로 해외파병을 다룬 〈블루 헬멧: 메이사의 노래〉(제작: 육군본부, 하우팜즈: 이하 〈메이 사〉)가 공연되었다. 〈더프라미스〉의 연출을 맡았던 이 지나가 대본을 쓰고 김문정이 음악감독을 맡아, 현재 한국 뮤지컬계의 실력자들을 데려왔다. 초연 주인공은

엑소의 찬열(박찬열)과 인피니트의 엘(김명수)이며, 아이돌 온앤오프 멤버들과 사령관 역에 마이클 리와 브래드 리틀이 캐스팅되었다. 재연 때는 엘 대신 배우 장기용이 캐스팅되었다. 군무를 맡은 군인들 역시 저스트절크, 와이지엑스 등의 전문 댄서들이다. 〈메이사〉의 커튼콜에서는 온앤오프 멤버 두 명이 나와서 준석-선호의 노래를 부른다. 원래 두 배우가 함께 부르는 노래는 아니지만, 노래 가사가 너와 함께하면 밝게 빛날 것이라는 내용이기 때문에 팬들을 위한 서비스로 준비된 것이다. 군 뮤지컬이 사실상 팬덤형 공연이라는 점을 잘 보여주는 지점이다. 극중 케이팝 오디션에서 찬열이 부르는 곡 〈killer〉 역시 커튼콜 무대에 오른다. 온라인 공연에서는 분할카메라 중 한 대가 찬열을 중심으로 잡는 방식으로 송출했다. 아이돌 콘서트에서 멤버 직캠을 제공하는 방식이다.

연예병사제도는 폐지되었지만 군의 홍보행사나 공연 등에 여전히 많은 연예인들이 동원되고 있기 때문에 휴가일수 등에서 큰 차이를 보인다. '2016~2018년에 입대한 연예인 병사 16명의 군 복무 실태' 자료를 보면, 이 기간 입대한 연예인은 16명인데 이 중 100일 이상 휴가를 받은 연예인이 4명이었다. 일반 육군 병사의 평균 휴가일수가 59일인 데 반해 많다고 볼 수 있다. 그런데 이 휴가는 주말에 홍보 활동에 참여했기 때문에 주어지는 것으로, 실은 엔터테인먼트 노동을 수행한 대가로 볼 수 있다.[11] 이로 인해 연습 기간이 길고 장기 공연을 진행하는 군 뮤지컬의 경우 사실상 연예병사제도가 아니냐는 비판을 받기도 한다. 이에 국방부는 군 뮤지컬은 소속사와 협의를 해서 출연하는 것이 아니라 병사들의 지원을 받아서 제작되었다는 점을 강조한다.[12] 그리고 군 뮤지컬의 홍보 인터뷰에서는 군인정신이 강조된다. 군인정신으로 힘든 연습을 마무리하고 있다와 같은 식이다. 〈메이사〉의 전 151회 공연을 결석 없이 참여한 찬열과 김우성에게는 육군 참모총장 상장이 수여되기도 했다. 이는 군 뮤지컬 활동을 통해 그 모범성을 인정받았다는 의미다. 하지만 군 홍보행사 공연 연습에 소속사 매니저나 댄서 등을 지원하는 경우는 심심찮게 보인다.

　　방위사업청 국방전자조달시스템 입찰 공고에 따

11　신민섭, 〈국방부는 과연 '국군장병 BTS' 맞을 준비 돼 있나〉, 《일요신문》, 2022. 4. 12., https://ilyo.co.kr/?ac=article_view&entry_id=426314

12　박정선, 〈[뮤지컬병사①] '연예병사', 이름 바꾸고 다시 등장?〉, 《Viewers》, 2019. 12. 18., http://theviewers.co.kr/View.aspx?No=357307

르면, 창작 뮤지컬의 예산 금액 추정 비용은 11~13억 정도다. 매년 약 10억 이상을 들여서 제작하고 있는 셈이다.[13] 〈귀환〉에서부터는 MD가 다양해졌다. 프로그램북에서부터 북클립 세트, 전자파 차단 스티커 세트 등 다양한 상품이 만들어졌고, 5만 5,000원의 세트 구성도 있었다. 〈메이사〉는 제작사가 260만 원에 달하는 선예매를 한 관객에게 폴라로이드 사진을 제공하는 이벤트를 벌여 상업성 논란을 촉진했다. 티켓 구매 시 포토카드를 증정하고, 군인인 배우들을 데리고 대면 팬사인회도 진행했다. 지방 공연 시 여성 앙상블을 계약하지 않은 채 군인들에게 여장을 시켜 등장시키는 등 물의를 빚기도 했다. 초연 때는 온라인 공연 티켓을 해외에만 판매하기도 했다. 〈메이사〉의 논란은 검증되지 않은 제작사라는 문제도 있지만, 군 뮤지컬이 내포하고 있던 위험성을 그대로 드러낸 것이라 볼 수 있다. 국방부 소속 연예인을 활용한 엔터테인먼트 사업이라는 점이다.

---

13 2019년 11억 6천만 원, 2021년 약 13억 1천만 원으로 나와 있다.

국방 엔터테인먼트가
제공하는 메시지

3·1운동 100주년과 대한민국임시정부 수립 100주년을 기념한 〈신흥무관학교〉는 신흥무관학교를 세운 이회영 일가의 노비였던 팔도(강하늘, 고은성)와 구한말 나라를 위해 상소문을 올린 한학자 집안의 아들 동규(지창욱, 조권)를 통해 임시정부와 독립군의 활약상을 되새긴다. 시인이 되고 싶었지만 살아남기 위해 일본군의 스파이가 되어야 했던 동규와 노비로 태어났지만 신흥무관학교에서 동등한 '국민'으로 자리매김할 수 있었던 팔도 사이의 우정이 극의 핵심이다. 〈신흥무관학교〉는 임시정부 100주년 기념에 걸맞게 공화국의 역사를 청년들의 우애와 연대로 형상화한다. 동규와 팔도는 양반과 노비라는 신분의 격차, 지식인과 문해력 없는 자라는 지식의 격차를 노출한다. 그러나 이들은 신흥무관학교에서 만나 일본군에 대항해서 싸운다는 공동의 목표를 가진 형제가 된다.

한국전쟁 70주년을 기념하여 국방부의 유해발굴감식단 사업을 소재로 제작된 뮤지컬 〈귀환〉은 역시 아버지에서 아들로 이어지는 국가 만들기의 서사를 중심으로 구성된다. 한국전쟁 당시 죽은 전우들의 유해를 찾아 매일 산에 오르는 할아버지 승호(현재: 이정열, 김순택, 과거: 온유, 시우민)를 이해하지 못했던 철없는 손자 현민(조권, 고은성)이 군대에 가서 유해발굴감식단으로 활동하면서 할아버지의 전쟁을 이해하게 된다는 이야기다. 할아버지에서 손자로, 국가 만들기의 서사는 부계 혈통을 따라 전승된다. 문화인류학과 학생인 현민은 친구 우주(김성규, 윤지성)를 따라 유해발굴감식단에 특기병으로 합격하고 이후 현민의 군 생활과 할아버지의 과거가 교차된다. 서사의 중심은 액자 안의 승호에 있다. 가난한 승호와 부잣집 아들이지만 병약한 해일(이재균, 차학연), 늘 유쾌한 진구(김민석, 인피니트 이성열)는 함께 학교를 다니며 친해진다. 진구가 중학교를 졸업하고 결혼하는 날, 한국전쟁이 발발하고 승호와 친구들은 학도병으로 입대한다. 이후 극은 전쟁으로 인해 헤어질 수밖에 없었던 자들을 들여다본다. 전투 중 다툰 승호와 해일은 헤어진 후 소식이 끊어지는데, 북한에 있는 해일의 딸이 승호에게 편지를 보내 승호가 그 편지를 받는 것으로 이어진다. 남과 북으로 나뉘었지만, 서로 그리워하는 친구 사이를 보여주는 것이다. 이는 문재인 정권 당시 북한과의 화해 분위기 속에서 만들어진다. 〈귀환〉의 프로그램북에는 전사자의 유해를 발굴하고 유가족의 DNA를 통해 확인하는 유해발굴감식단

사업을 자세히 소개하고, 유가족들의 DNA 시료 확보를 독려하는 선전물이 포함되어 있다.

　2021~2022년 공연된 〈메이사〉는 유엔 가입 30주년을 기념하여 평화유지군과 해외파병을 주제로 삼았다. 한국은 1993년 소말리아에 최초로 유엔 PKO 부대인 상록수부대를 파견한 이래, 여러 차례 해외파병을 진행하고 있다. 전투부대이든 비전투부대이든 유엔 평화유지군은 강해진 한국의 국력을 과시하고 평화를 지키는 군대의 이미지를 선전하는 데 효과적이다. 게다가 〈메이사〉는 이 해외파병을 케이팝과 연결함으로써 문화강국으로서의 한국 이미지를 강조했다. 라만(찬열)의 나라인 카무르는 "오랫동안 내전이 이어져온" 나라이며 "아름답고 신비로운" 곳이다. 이와 같은 설정은 드라마 〈태양의 후예〉와 유사하다. 한국이 평화유지군을 파병할 만큼 강대국이 되었음을 보여주면서, 한국의 문화적 역량을 전시하는 방식이다. 한국은 한국전쟁 당시 유엔군의 도움을 받았던 약소국이었지만, 이제는 다른 나라를 도울 만큼 성장했다는 것이다. 케이팝 오디션 준결승에 진출한 라만은 출연자 개인 인터뷰에서 한국에 온 이유를 설명하면서, '메이사(밝게 빛나는 별)'를 찾고 싶다고 말한다.[14] 라만의 고향인 카무르는 한국과 마찬가지로 남과 북이 나뉘어 내전 중인 국가다. 카무르

에 파병된 가온부대는 재건지원, 대민지원 등을 담당한 평화유지군이고, 개인의 꿈을 지켜주기 위해 카무르에 왔다. "현실이 아무리 힘들고 고통스러워도 예술이 가진 힘은 너에게 꿈을 줄 것이다. 우리가 부르는 노래가 총과 무기보다 강한 것이다."라는 메시지는 세계에서 인기를 끌고 있는 케이팝을 매개체로 활용한다. 액자 바깥이 라만의 오디션 서사라면, 액자 안은 어릴 적 라만의 마을에 한국군이 도착하고 교류하는 과정이다. 꿈이 없던 연준석(장기용)은 해외파병에서 세계평화가 꿈인 친구 윤선호(온앤오프 효진)와 함께 와 있다. 〈메이사〉는 준석-선호를 비롯해서 남성 군인 사이의 관계에 주목한다. 군 뮤지컬의 특성상 전우애가 강조되기 때문에 남성들 사이의 우정이 핵심 주제로 부상한다. 전우애는 남성 동성 사회의 스펙트럼 안에 있다. 〈신흥무관학교〉

---

14   극은 자신이 납치당한 기억을 봉인하고 있던 라만이 메이사를 찾기 위해 기억을 꺼내고, 준석과 재회하는 과정으로 이어진다. 결승전에 오른 라만을 위해 당시 가온부대 출신의 이정혁 상사가 현지 연결을 하고, 그를 통해서 '휘명부대'와 워리어플랫폼이라는 한국 무기 성과를 자랑한다. 자막으로 처리해서 정보를 던지는 방식이다. 이처럼 〈메이사〉는 일방적으로 한국군과 케이팝의 성과를 자랑한다. 〈신흥무관학교〉나 〈귀환〉에 비해 메시지를 가공하는 방식이 서투르다. 형식적으로 압축해서 전달할 뿐 주제와 연결하려고 고민하지 않았다.

에서는 팔도와 동규, 〈귀환〉에서는 승호와 해일 등 함께 군인이 된 친구들 사이의 관계가 핵심이다. 친구를 위해 희생하고, 친구의 유해를 찾기 위해 매일 산에 오르는 우정을 강조한다. 〈메이사〉에서 준석은 선호의 꿈을 대신 이루기 위해 해외파병과 국제구호단체 활동을 이어간다. "함께라면 두렵지 않아."(메이사)가 군 뮤지컬의 주제다. 함께 노래를 부르며 손을 맞잡는 두 남성 청년의 모습은 보통 영화나 드라마에서는 잘 등장하지 않는 장면이다. 극의 하이라이트가 되는 주인공의 솔로곡은 대부분 잃어버리거나 죽은 친구에게 바쳐진다. 〈메이사〉에서는 죽은 선호를 향해서 준석이 눈물을 흘리며 노래를 부르고, 〈귀환〉에서도 마찬가지다. 국제구호단체를 통해서 후원자들과 결연하고 한국에서 학교를 다닌 라만은 꿈을 이루기 위해 '메테오'라는 팀의 센터가 되어 결승전 무대에 오른다. 세계적인 차원의 형제애를 이야기하는 셈이다. 한국의 오디션 프로그램에서 중동 아시아의 약소국 출신이 결승까지 올라갈 수 있을까. 그야말로 케이팝의 프로파간다를 선전하는 셈이다.

군 뮤지컬의 특성상 출연 배우의 대다수가 남성이고, 여성 캐스트는 2~3명 정도에 그친다. 남성 군인들 사이의 연대를 강조하는 서사에서 여성은 중심인물이 될 수 없다. 〈귀환〉에서는 사색적이고 병약한 해일보다

씩씩하고 건강한 쌍둥이 여동생 해성이 등장한다. 승호는 해성에게 관심이 있지만, 이를 적극적으로 표현하지 못한다. 해성은 승호와 해일의 관계를 이어주는 역할이다. 〈메이사〉에서 은하는 준석과 선호 사이에서 삼각관계를 형성한다. 선호는 은하를 좋아하고, 은하는 준석을 좋아하는 식이다. 선호가 테러로 인해 사망하면서 준석과 은하는 선호를 추억할 때만 함께 등장한다. 여성 인물은 교환되는 대상으로만 존재하는 것이다. 반면 〈신흥무관학교〉는 남성이 만드는 평등한 국가에 여성의 자리를 포함시키려고 노력했다. 마적단에게 가족을 잃고 복수하려는 나팔과 마적단이 데려다 키운 조선인 혜란이다. 혜란은 나팔을 남자라고 착각(?)하고 나팔에게 고백한다. 마적단과 함께 산다고 혜란을 따돌리지도 않고, 보호하는 나팔을 믿고 의지한다. 이 두 여성은 동규와 팔도 사이에서 교환되는 대상이 아니라 우애를 나누는 동료가 된다. 극은 동규, 팔도와 나팔의 러브라인을 삽입하는 대신 네 청년이 동료로서 연대하는 장면을 담는다. 여성이지만 남성처럼 훈련을 받고 동료로 받아들여지는 나팔은 여성 군인의 존재를 표상한다. 게다가 독립선언서를 낭독하는 장면에서는 여성들의 독립선언서 역시 포함시킨다. 이런 변화는 페미니즘 대중화 이후 변화된 한국 사회의 분위기를 적극적으로 반영하려는 시도다.

나가며

2021년 국방부에서는 국군의 날 맞이 이벤트 '국군의 향을 드립니다'로 향수 샘플을 증정했다. #국군장병응원하기와 함께 SNS에 메시지를 올린 사람을 추첨하여 '육군의 푸르른 초원이 떠오르는 우디향', '해군의 깊은 대양을 표현한 아쿠아향', '공군의 청명한 하늘을 형상화한 후레시향', '해병대의 용맹함과 작열하는 태양을 표현한 해변의 향' 등을 제공했다. 군대나 군인, 국방부의 이미지에 대한 고정관념과는 사뭇 어울리지 않는 행사였다. 이는 국방부가 정훈 활동을 적극적으로 진행하고 있다는 의미이자 시대에 맞춰 변화하겠다는 의미를 표방한 것이기도 하다. 군대를 위안하는 국민에서 군대가 국민을 위안하는 방식으로 방향이 전환된 것 역시 마찬가지다. 연예병사제도는 폐지되었지만, 군 소속 연예인을 활용한 각종 엔터테인먼트는 오히려 다각도로 활발해지고 있다. 일상적으로 진행되는 〈위문열차〉나 매년 개최되는 지상군 페스티벌에 이어 2년씩 전국 투어를 진행하는 뮤지컬까지 국방부는 그 어떤 기획사보다 대규모의 연예 사업을 실질적으로 수행하고 있다. 이 과정에서 국방부 공보정훈사업의 방향에 대해 의문을 표시하는 사람도 늘어나고 있다.

국방부의 정훈문화활동훈령(국방부훈령 제2687호)에 따르면, 정훈문화활동의 기본 목표는 "장병의 확고한 국가관·안보관, 군인정신을 함양하고, 장병에게 사기 진작, 정서 함양, 교양 증진을 위한 문화 활동을 보장함으로써 무형전력을 강화하며, 전역 후 장병이 올바른 안보관을 확립한 민주시민이 될 수 있도록 하는" 것이다. 이 가운데 문화 활동은 장병의 사기 진작과 정서 함양, 교양 증진 등을 도모하는 데 목적이 있다. 군 뮤지컬 공연 시 군인들이 단체관람을 하는 것은 이런 문화 활동의 일환이다. 그러나 뮤지컬처럼 표와 관련 상품을 판매하는 엔터테인먼트의 경우, 국민 모두를 대상으로 하고 있다는 것을 확인할 수 있다. 국방부가 선전하고자 하는 메시지를 텍스트로 포장하고 있기는 하지만, 실상 이 뮤지컬 공연을 지탱하고 있는 것은 뮤지컬에 출연할 군인 병사들의 팬들이다. 그런 점에서 군 뮤지컬 공연은 군대가 강제된 노동의 영역에 속한다는 점을 잘 보여준다. 군 복무 중 평상시보다 낮은 개런티를 받고 홍보 활동에 동원되는 것이다. 이는 현빈의 사진집 해프닝을 통해서도 잘 드러난다. 배우 현빈의 해병대 사진집을 제작했던 회사가 드라마 〈사랑의 불시착〉의 성공 후 사진집을 일본에 재발간하려고 하다 현빈 소속사의 제재를 받은 사건이다. 2012년 '아름다운 그 남자, 현빈의 해병일기'라는 제목으로 국내 전자책 발간되었던 사진집은 2014년 출판물로 발간되었다. 이때 출판을 맡았던 출판사가 2020년 일본의 출판사에 판권을 판매하려다 소속사의 반대로 계획이 중지되었다. 애초에 이 사건은 군 복무 중 연예인의 초상권을 국방부가 소유하는 방식으로 이루어졌다는 점에서 문제적이다. 2012년 해병대가 사진집을 판매할 때도 초상권에 대한 대가나 판매 수익금에 대한 분배는 이루어지지 않았다. 그렇다면 이 수익금은 어디로 갔을까? 군 뮤지컬 공연 역시 마찬가지다. 프로그램북, 굿즈, 포토카드 등이 함께 판매되고 있는 상황에서 국방 홍보와 수익금, 출연 배우에 대한 개런티 등의 노동권, 초상권의 문제가 복잡하게 얽혀 있다. 이를 '국방의 의무'라는 이름으로 대변하는 것은 국방과 안보의 의미가 무엇인가를 되묻게 한다.

'이미 완성된
남자들'의
군대

:

채널A〈강철부대〉의
위치와 군사화된 남성성
재현의 새 양상

아, 사나이 뭉친
한국군[1]

진짜 사나이들만이 할 수 있는 가장 용맹한 상륙부
대, 초대 해병대원들의 꿈이 담겨 있는 마라도함에서
우리 군의 발전을 기념하게 되어 매우 뜻깊습니다.
– 제73주년 국군의 날 대통령 기념사 중에서

2021년은 한국군의 전투 능력을 선전하는 여러 콘
텐츠가 히트한 해였다. 특히 10월 1일에 열린 제73주
년 국군의 날 기념식 중계방송, 그리고 같은 달 20일
에 열린 서울 아덱스(ADEX, 국제 항공우주 및 방위산업 전

---

1   해군 특수전전단을 대표하는 군가 〈사나이 UDT〉의 후렴구 가사,
     "아, 사나이 뭉친 UDT, 이름도 남아다운 수중파괴대"에서 따왔다.

시회) 개막식은 주요 방송사를 통해 송출되고 유튜브에서 거듭 스트리밍되면서 온라인 커뮤니티와 SNS 등지에서 큰 인기를 끌었다. 이 행사들은 한국군의 해외파병과 한국 방위산업 세계화의 역사 및 현황을 자랑스럽게 서사화했다. 2021년의 한국군을 이야기하기 위해 식민지 시기 독립군까지 적극적으로 호출하는 중, 정작 최초이자 최대 규모의 해외파병이었던 1964~1973년 베트남전쟁 파병의 내력은 쏙 빼놓는 교묘한 서사 전략을 구사해가면서.

　　그런데 이 행사에서 흥미로운 부분은 섬세하게 구성된 선전 서사나 공들여 연출한 스펙터클뿐만이 아니었다. 진행자 선정부터 출연진의 성비까지 꼼꼼히 챙기며 소위 '양성평등'의 포즈를 취한 행사의 대통령 기념사 도입부가 "진짜 사나이들만이 할 수 있는 가장 용맹한 상륙부대"로 시작했다는 것. 비록 그 실효성이 어찌 되었든, 국방부가 군가 가사에 '사나이'를 넣지 않는 지침을 내놓은 것이 2015년의 일이고, "가장 용맹한" 각 특수부대 보직의 여군 배치 제한을 해제하는 것 역시 2018년부터 검토되고 있는데, 여전히 저렇게 실수처럼 진심이 새는 데에 헛웃음이 나온다. 이 헛웃음은 익히 알려진 한 돌림노래를 떠오르게 한다. "여자도 군대 가라." 1994년 군복무가산점제도 폐지 청원 이래, 이 말이 잊을 만하면 등장하는 일에 대해 여기에서 새삼 길게 쓰지는 않으려 한다.[2] 누가 언제 어디에서 말하느냐에 따라 그 구체적인 양상이 조금씩 달라지기는 하나, 여자도 군대 가라는 격렬한 요구 자체는 징병제의 실질적인 변화를 추동하지 못하고 (혹은 추동하지 않고) 나타났다가 사라지기를 반복한다.

그처럼 공허한 반복이 왜 계속될까? 그 요구의 진짜 목표가 남성들이 느끼는 모종의 억하심정을 여성혐오적인 방식으로 호소하는 데 있기 때문이라는 점을 우선 떠올려볼 수 있겠지만, 이 역시 거듭 지적되어 온 바다. 그 음험한 실체를 폭로하는 데에 머무르지 않고, 군사 안보를 절대적인 전제로 상정하는 시각 자체를 뒤엎고 바꾸어야 한다는 진단과 요구 역시 최근 들어 속속 나오는 터다. 한편, 이러한 반복은 군대라는 조직 및 공간의 초남성성(hypermasculinity)을 재차 확인하고 강화하는 효과를 불러오기도 한다. 이 초남성성은 실질적으로 자행되는 폭력과도 무관하지 않다. 가령 최근 몇 년간 끊임없이 드러난 여군 대상 성폭력 문제에 대한 군 당국의 경직된 대응, 고(故) 변희수 하사에 대

2 여성 징집 논쟁의 상세한 연대기와 논점들에 대해서는 김엘리, 《여자도 군대 가라는 말》, 동녘, 2021, 22~23쪽과 191~195쪽 참조.

한 강제전역 조치 등은 반여성적이자 반퀴어적인 일인 동시에, 군대의 핵심 속성인 초남성적 원리를 고수하려는 굳은 의지를 보여주는 일이기도 하다.

군대가 초남성적이라는 것은 어떤 의미일까? 평화학 연구자 김엘리는 "단순히 남성의 수가 많은 남성 편향적 조직문화를 일컫기보다는 군이 무엇을 지향하고 어떤 성격의 군을 재현하는가, 군인 되기를 위한 자기통치 에토스는 무엇인가라는 면에서 강한 남성적 특성의 지향을 규범으로 삼고 있다는 점"[3]을 가리키기 위해 군을 초남성 공간으로 명명했다. 이 규범을 구성하기 위한 여러 방편 중 하나로 특정한 신체가 호출된다. 이와 관련하여 퀴어 연구자 루인은 남성 신체의 근대적 발명이라는 큰 맥락 속에서 징병신체검사 규칙을 통시적으로 검토한다. 이 연구에 따르면, 한국 징병제도는 국민국가를 대표할 수 있고 근대적 남성성을 재현할 수 있는 군인의 자격을 규정하는 기준 중 하나로 재생산을 염두에 둔 이성애 규범적 성관계가 가능한 생식기관의 상태를 포함하고 있다.[4] 이러한 "병역법의 외

3   김엘리, 〈초남성 공간에서 여성의 군인 되기 경험〉, 《한국여성학》 28권 3호, 한국여성학회, 2012, 151쪽.
4   루인, 〈남성 신체의 근대적 발명〉, 권김현영 엮음, 《한국 남성을 분석한다》, 교양인, 2017.

부 성기 규정은 인터섹스와 트랜스젠더퀴어를 자신의 젠더 범주 인식과 상관없이 남성 범주에서 배제하는 문지기 역할도 한다."[5]라는 루인의 통찰은 최근의 상황 속에서 한층 의미심장해진다. 이러한 규정은 몸을 통해 남성과 남성 아닌 자를 가르는 동시에, 남성(성)에 대한 규정과 관리가 여성(성)과 비남성(성)을 참조하고 동원한다는 젠더·섹슈얼리티 규율의 일반적인 원리를 보여주고 있기 때문이다.

이 특정한 신체로 축약된 군인 남성의 자격 요건은 성기의 형태처럼 의지와 무관하게 결정된 것을 바탕으로 배제의 경계를 세우는 한편, 단련과 수행을 통해 획득될 수 있다고 여겨지는 자질들 또한 포함함으로써 '되기'의 여지를 마련한다. 한국의 대중문화 장을 횡행해온 군사주의적 콘텐츠들 역시 이 남성-군인 되기의 과정을 열심히 재현해왔다. 해군 특수전전단 홍보와 베트남전쟁 참전 프로파간다를 겸했던 1969년 극영화 〈사나이 UDT〉에서 "계집애처럼" 곱게 생긴 김경일 중사(오영일)가 차돌 같은 박 중위(박노식)의 지도 아래 "강철의 사나이"로 거듭났던 것도, MBC 병영 체험 예능 프로그램 〈진짜 사나이〉에서 "모라고 했는지 1도

5   루인, 같은 글, 144쪽.

몰으갰습니다 ∵"를 적어냈던 가수 헨리가 혹한기 얼음 계곡 입수를 해내며 '성장캐'가 되었던 것도 바로 그 여지 덕에 가능했다.

분단과 한국전쟁 이래 현재까지 한국의 군사주의적 콘텐츠는 시대에 따라 지향하는 바와 발현하는 효과를 달리해왔다. 가령 냉전체제 형성기의 '훈련소 영화'들이 투철한 반공정신과 강한 남성성을 지닌 국민 주체를 만들려는 기획이었다면[6] 2010년대를 풍미한 관찰 예능 포맷의 병영 체험 프로그램은 소위 신자유주의적 자기계발 서사에 군사훈련을 녹여내어 시대가 원하는 바람직한 인재상에 군사화된 태도를 (새삼스레) 개입시켰다. 이 같은 변화 속에서도 '군인 되기'라는 아이디어는 여러 콘텐츠에서 꾸준히 활용되어왔다.

그런데 2021년 상반기에 큰 화제를 모으며 시작하여 2023년 현재 시즌 3를 방영하는 예능 프로그램 〈강철부대〉는 그 목적이 군인 남성성의 과시와 그에 대한

---

6   김청강, 〈냉전과 오락영화〉, 《한국학연구》 61집, 고려대학교
     한국학연구소, 2017. 이 논문은 한편으로 관련 영화 텍스트들이 병역
     기피, 반미 감정, 약한 남성성 등을 노출함으로써 국가의 기획을
     실패에 이르게 하는 지점들에 주목하기도 했다. 이러한 균열 역시
     해당 영화들이 군사훈련을 중점적으로 다루며 '되기'의 과정을
     재현했기에 발생할 수 있었던 것이 아닐까 한다.

찬양에 특별히 중점을 두고 있어 눈에 띈다. 뛰어난 군인의 몸에 대한 예찬은 현대사회의 남성중심적 군사 프로파간다에서 오랜 필수 요소로 자리해왔지만,[7] 〈강철부대〉의 과시와 찬양은 '원래 그런' 수준을 넘어서서 다양한 특수부대를 전역한 출연진을 통해 강한 한국군의 기량을 뽐내는 데에 주력한다는 점에서 새롭게 두드러진다. 이 글에서는 지금까지 제출된 군사주의적 콘텐츠의 통시적인 맥락들과 〈강철부대〉를 엮으면서, 해당 프로그램이 군 이미지의 초남성성을 어떻게 강화하는지를 넓게 살피고, 이에 우리가 던져야 할 질문이 무엇일지를 고민해보고자 한다.

'진짜 사나이'들이
'위문열차'에서
내려오기까지

주로 극영화나 문화영화 등 허구의 서사를 재현한 영상물로 제작되었던 '군인 되기' 콘텐츠, 그리고 일선 군부대를 방문하여 병사들의 '정신전력'을 북돋우는

---

7 조지 L. 모스 지음, 이광조 옮김,《남자의 이미지》, 문예출판사, 2004.

위문공연 콘텐츠는 군사화된 남성성을 여러 방식으로 찬양해왔다. 양자가 정확히 갈리고 나뉜다기보다는 오히려 중첩되는 면이 많기는 하지만, 전자는 '진짜 사나이'의 자질을 획득하는 과정을 서사화하고, 후자는 '진짜 사나이'가 되느라 고생한 이들을 위무하는 형태라고 정리해볼 수 있겠다. 여기에서 중요한 것은 이들 콘텐츠에서 군사화된 이상적 남성성의 요건 중 하나로 이성애적 남성성이 두루 상정되어 있었다는 점이다.

가령 1965년 10월 순직 후 오늘날까지도 참된 군인의 상을 논하는 자리에서 첫머리에 언급되는 인물인 강재구 소령의 경우를 보자. 육군사관학교 졸업과 함께 장교로 임관하여 일선 부대에서 복무하던 그는, 베트남전쟁 참전의 명령을 받고 맹호부대의 훈련을 지휘하던 중 한 병사가 잘못 던진 수류탄을 자신의 몸으로 덮어 부하들을 지켜내고 스스로의 목숨을 희생한 것으로 잘 알려져 있다. 그의 죽음은 곧바로 정부기관 및 육군본부, 육군사관학교는 물론 해당 훈련소의 소재지인 강원도 홍천군이나 강재구의 출생지인 인천 동구 배다리 마을까지를 아우르며 다양한 곳에서 기념되어왔다. 여기에는 선우휘가 집필한 전기 《별빛은 산하에 가득히: 강재구 소령의 짧은 생애》(1966), 그리고 사고 발생 직후 공보부의 요청을 받은 합동영화주식회사에서 선우휘의 전기를 원작으로 하여 제작한 극영화 〈소령 강재구〉(1966)도 포함되어 있었다.[8] 당대의 스타였던 신성일과 고은아가 주연을 맡아 화제가 되기도 한 이 영화는 장교로서의 공적인 이력과 장남이자 남편으로서의 사적인 가정생활을 교직하면서 강재구의 짧은 생애를 재현하고, 이를 헤게모니적 남성성의 구성 과정으로 수렴해내면서 베트남전쟁 참전 이데올로기와 박정희 군사정권의 가부장적 통치 원리를 선전하는 데에까지 나아간다. 물론 지배 이데올로기의 프로파간다가 대개 균열과 누수의 지점들을 갖고 있듯이 〈소령 강재구〉의 '목표'도 그리 순탄하게 달성되지는 않는다. 이 영화가 기획된 계기가 강재구의 죽음이었다는 점을 생각할 때, 전쟁은 곧 남성 가장의 부재 혹은 상실로 이어진다는 한국전쟁의 경험과 기억을 가진 관객들을 선전의 대상

---

8 《별빛은 산하에 가득히》의 경우 곧이어 발표된 선우휘의 소설 《물결은 메콩강까지》(1966)가 담아낸 베트남전쟁 참전 프로파간다라든지 작가가 그즈음에 천착했던 국가주의 및 모종의 영웅주의에 주목할 때 더욱 풍부한 논의가 이루어질 수 있으리라 생각된다(김종욱, 〈베트남전쟁과 선우휘의 변모〉, 《우리말글》 63, 우리말글학회, 2014와 장세진, 〈학병, 전쟁 연쇄 그리고 파병의 논리-선우휘의 '물결은 메콩강까지'(1966)를 중심으로〉, 《사이間SAI》 제25호, 국제한국문학문화학회, 2018 참조). 그러나 이는 이 글의 주안점을 벗어나는 영역이기에 각주로만 부기해둔다.

으로 삼아야 한다는 난관이 처음부터 노정되어 있었기 때문이다.[9]

그런데 이 영화를 앞서 잠시 언급한 〈사나이 UDT〉와 나란히 놓고 보면 흥미로운 지점이 돌출된다. 두 영화는 실존 인물의 생애를 극화한 것이냐 애초에 픽션으로 출발한 것이냐의 차이가 있지만(덧붙이자면 그 인물이 병사들을 이끄는 지도자형 장교냐 특수부대훈련을 받는 부사관이냐의 차이도 의미 있게 나타나지만), 주요 인물의 베트남전쟁 파병이라는 사건을 결절점으로 하여 영화의 초·중반부와 후반부가 나뉘는 양상에서 공통점을 보인다. 각 영화의 초·중반부는 해당 인물들이 후반부에 주어질 임무를 충실히 수행할 수 있을 만큼 훌륭한 군인이 되는 과정을 재현하는데, 그 자질을 구성하는 주요 요소 중 군사 활동 외적인 요소, 즉 가족 서사와 이성애 로맨스/결혼 서사가 중요하게 동반되고 있다. 이는 이상

---

9 이러한 종류의 난관과 관련해서는 허윤의 연구에서 적실한 분석이 이루어진 바 있다. 가령 전쟁 이후 징집체제를 정비하고 국민개병제를 강화하는 데 어려움을 겪던 이승만 정부는 '진짜 사나이' 담론을 주조하면서 군인 됨을 중심으로 남성성을 위계화했는데, 그 위계의 정점에 있는 남성성을 충실히 수행하려 하면 할수록 죽거나 다침으로써 남성성이 훼손되는 모순이 발생한다는 것이다(허윤, 〈1950년대 퀴어 장과 병역법·경범법을 통한 '성 통제'〉, 홍양희 외, 《'성'스러운 국민》, 서해문집, 2017, 91~92쪽).

적 군인에게 가부장 남성의 정체성과 권위를 부여하는 동시에, 전방으로 떠나는 남성 군인과 후방에 남는 여성 배우자가 이성애로 묶인 가족관계 속에서 각자의 역할을 담당한다는 젠더화된 상상력으로 확장된다는 점에서 당시 군사주의의 작동 원리를 보여주는 바였다.

전방과 후방의 젠더화된 상상력은 '군인 되기' 서사뿐 아니라 위문공연이라는 장을 형성하는 핵심적인 구도라는 점에서도 의미가 있다. 한국의 군대 예능은 오랜 계보를 형성하면서 대중적으로도 높은 영향력을 발휘해왔다. 1989년부터 1997년까지 매주 일요일 '안방극장'에 방영된 MBC 〈우정의 무대〉가 그 선구적인 사례로 흔히 기억되지만 이에 앞서서 한참을 달려온 〈위문열차〉가 이미 있었다. 1961년 시작된 한국 최초의 공개방송이자 최장수 라디오 공개방송 프로그램이기도 한 〈위문열차〉는 2005년 국방TV 개국 이후 케이블TV 및 온라인 방송을 병행하며 현재까지도 제작 중인 프로그램이다. 지금에 와서는 병영 담장 너머 일반 대중에게 인지도가 떨어진 상태지만, 2021년 유튜브를 통해 재발굴되면서 음원차트를 역주행한 걸그룹 브레이브걸스를 배출한 프로그램이기도 하고,[10] 방송 초기인 1960~1970년대에는 내로라하는 인기 연예인들이 출연하는 것은 물론이고 "위문열차 타봤다."라는 유행

어를 동반할 만큼 '스타 등용문'의 지위를 누렸던 인기 프로그램이기도 했다.[11]

지금보다 60여 년이나 앞선 〈위문열차〉로까지 이야기의 길을 둘러 가는 이유는, 이 프로그램이 현역 장병 참여형 예능의 효시이자 이후 〈우정의 무대〉로 이어지는 군대 예능의 기본 구성을 다진 선행 사례이기 때문이다. 기실 1990년대 후반까지 군대 관련 예능 방송의 지배적인 포맷은 위문공연이 차지했다. 위문공연 방송은 가수를 비롯한 전문 연예인들의 공연, 당대의 (주로 여성) '청춘스타'가 장병들과 함께 진행하는 레크리

10 브레이브걸스의 차트 역주행에 대해서는 조서연, 〈팬들이 만들어낸 '군통령'의 시대〉, 전쟁없는세상 블로그, 2021. 5. 31. 참조. 한편, 군이 인기 연예인을 군 홍보에 동원·활용하는 양상은 2000년대 이후 획기적인 전기를 맞는데, 이는 군 제작 뮤지컬 등의 형태로 한류를 타고 세계적으로 각광받고 있기도 하다. 허윤은 이를 일컬어 군대를 향해 발신되는 전통적인 위문산업과 구분하면서 '국방 엔터테인먼트'라는 용어를 사용하고 있다(허윤, 〈신성한 국민의 의무와 국방 엔터테인먼트〉, 피스모모 평화페미니즘연구소(FIPS) 연재 칼럼, 2021. 8. 21.).

11 남복희, 〈사회자본이 군대예술공연 효과에 미치는 영향에 관한 연구-'위문열차' 공연을 중심으로〉, 서경대학교 박사논문, 2014. 군 위문방송이 지닌 이러한 효과는 현재에도 다소 변형된 방식으로 유지되고 있다. 가령 앞서 언급한 걸그룹 브레이브걸스가 '밀보드(밀리터리 빌보드)'를 넘어서 일반 음원차트 역주행을 일구어낸 것을 최근의 주요 사례로 들 수 있을 것이다.

에이션, 해당 부대에서 복무 중인 병사들의 장기자랑 공연, 군대에 간 (주로 어린 막내) 아들을 오매불망 기다리며 시골에서 고생하시는 나이 드신 어머니를 초청하여 아들과 상봉시키는 코너 등 음악방송과 버라이어티 쇼의 혼합 형식으로 이루어져 일선 군부대를 주 1회씩 순회하며 진행되었고, 매 주말 황금시간대에 라디오와 TV로 송출되면서 전 국민적 대중오락의 한자리를 차지해왔다. 이와 같은 위문공연의 구성에 도사린 젠더화되고 가족화된 군사주의의 안보 논리와 소위 '어머니/애인 이분법'에 대한 비판은 2000년대 이후 현재까지 여러 필자들이 다양한 지면을 통해 분석해온 바다.

이처럼 '전통적인' 위문공연의 기본 구도, 즉 여성들의 퍼포먼스로 현역 남성 군인들을 위무한다는 아이디어의 바탕에는 이성애적 남성성과 전·후방의 젠더에 대한 상상이 깔려 있다. 이는 넓게 보자면 태평양전쟁 시기부터 현재까지 유지되어온 것이지만, 이를 군대 예능 콘텐츠의 변천사라는 맥락 속에 놓고 본다면 또 다른 지점이 도출된다. 1997년 〈우정의 무대〉 종영 후에도 일선 군부대를 방문하는 예능 프로그램이 제작된 사례가 없지는 않으나 이러한 콘텐츠가 시청자 대중의 호응을 얻기는 힘들었다. 군에서의 방송이 "군 관련 소식을 국민들에게 알리는 보도 기능과 장병들의 사기

를 높여 정신전력을 강화하는 두 가지 기능을 갖고 있
다."[12]고 할 때, 위문공연 콘텐츠는 두 차원 모두에서 이
미 구시대적 포맷이 되어버린 것이다. 일반 대중을 예
상 시청자로 놓기보다는 현역 군인 당사자들을 주된
대상으로 하는 행사가 된 지 오래인 〈위문열차〉의 경우
에도 1990년대 중반에 들어서면 '신세대 장병'의 요구
에 걸맞게 프로그램의 내용과 수준을 쇄신해야 한다는
요구에 직면하기는 마찬가지였다.[13]

그러나 위문공연 콘텐츠의 위상이 쇠락했다는 것
이 군 소재 예능의 전반적인 소멸로 이어지지는 않았
고, 실제 양상은 오히려 정반대로 전개되었다. 2013년
MBC 〈우리들의 일밤〉의 2부 코너로 편성된 〈진짜 사
나이〉가 그 강력한 증거다. 문제는 구체적인 양식의 동
시대적 소구력에 있었을 뿐, "대한민국은 군대다."[14]라
는 레토릭의 유효성이 다하지 않는 한 군대 이야기 자
체의 매력은 한국 사회에서 걱정할 일이 아니었던 것
이다. 〈진짜 사나이〉의 등장은 〈우정의 무대〉 이후 잦
아든 군대 예능의 부활이라기보다는 오히려 그 대대적

12   남복희, 같은 글, 24쪽.

13   남복희, 같은 글, 38쪽.

14   권인숙, 《대한민국은 군대다: 여성학적 시각에서 본 평화, 군사주의,
        남성성》, 청년사, 2005.

인 전환을 알리는 바였다. 기획 단계서부터 국방부의 적극적인 군 홍보 의지가 개입되었다는 점, 제작진과 출연진이 실제 일선 부대들을 직접 방문하여 진행되는 프로그램이라는 점, 신인 혹은 기성의 연예인들이 대중적 인지도와 호감도를 높이는 기회의 장이었다는 점은 위문공연 방송의 경우와 유사하지만, 병영 내의 가혹행위나 총기사고 등으로 실추된 군 이미지를 회복하려는 국방부의 의도와 조응했던 것이 다름 아닌 긴 호흡으로 진행되는 관찰형 예능의 성장 서사였다는 점은 양자 간의 결정적인 차이를 마련했다.

MBC 홈페이지의 공식 프로그램 기획 의도에도 명시되어 있듯이, 〈진짜 사나이〉는 출연진이 군사훈련을 통해 더 나은 사람으로 거듭나는 과정을 담아내는 데에 주력했다. 제작진의 말처럼 군대가 "사회의 축소판"이라고 할 때, 이는 〈진짜 사나이〉에서 군인의 미덕으로 일컬어지는 자질들이 민간 사회에서도 바람직하다고 여겨진다는 것을 의미했다. 이러한 콘텐츠의 제목이 '진짜 사나이'라는 것이 당대 한국 사회가 요구하는 인재상의 남성중심성을 보여주는 바라는 점은 굳이 말할 필요도 없을 테지만, 〈진짜 사나이〉가 신자유주의 시대 군사화된 자기계발의 서사를 취함으로써 오히려 이전까지의 위문 예능과 달리 '여군 특집'을 기획할 수 있었다는 것 또한 주목할 만한 바였다. 이 특집은 의무적인 징집 대상이 아닌 여성들조차도 기꺼이 자원할 만큼 군대가 자기계발의 장으로서 매력적인 곳임을 보여주었던 것이다.[15]

그런데 2021년 시점에서 이는 새로운 맥락을 다시금 형성한다. 사실 여성이 군사훈련을 체험하는 콘텐츠는 1968년 '1·21 사태'를 계기로 제작된 반공 선전물이자 1960년대 말에 유행한 젠더 전도 코미디의 일환이기도 했던 〈남정임 여군에 가다〉(1968)와 같은 극영화를 비롯하여,[16] 뉴스영화의 소재가 떨어지면 방송사를 통해 당시 인기 있는 젊은 여성 연예인을 호출하여 1일 군사훈련을 시켜 방영 분량을 급조하던 관행 등[17] 이미 오랫동안 있던 것이었다. 이처럼 남성중심적 군사주의를 강화하는 콘텐츠가 여성 인물/출연자에게도 '군문'을 열 수 있었던 것은 해당 콘텐츠들이 다름 아닌 '군인 되기'를 다루었기에 가능했던 역설적인 일이었다. 이 '군인 되기' 서사의 효력은 2020년대에 들

15 조서연, 〈'여자도 군대 가라'?−군 복무와 성평등의 관계에 대하여〉, 윤보라 외,《그럼에도 페미니즘》, 은행나무, 2017, 40~41쪽.

16 김청강, 같은 글 참조.

17 이종환, 〈월남전과 국방뉴스〉, 국군홍보관리소 편,《군영화 40년사》, 국군홍보관리소, 1992, 135~136쪽.

어서면서 크게 한풀 꺾이며 전기를 맞는다. 그 길고 오랜 장을 닫고 새로운 장을 열어젖힌 사례가 바로, 2021년의 〈강철부대〉다.

'국방개혁 2.0' 시대와 '하드바디'

　'군대 가서 사람 되는 이야기'가 강한 대중적 소구력을 갖는다는 것은 여러 이유로 군사주의에 저항하는 입장에서 볼 때 여간 걱정스러운 일이 아니다. 그러나 여기에는 어쨌든 '되기'의 여지가 존재한다. 군사 훈련을 통해 사람이 되려면 훈련 이전에는 '덜된' 사람이었어야 하고, 군대에 가서 진짜 사나이가 되려면 입대 전에는 남성성이 모자랐어야 한다. 가령 〈진짜 사나이〉에서 '진짜 사나이 되기'를 수행한 출연자들이 전역한 지 한참이 지나 물렁물렁하게 군기가 빠졌거나 아직 병역 미필 상태인 남성들, 여군에 자원하지 않는 이상 딱히 군복을 입을 일이 없는 여성들, 그리고 애초에 병역 이행의 '권리'가 없을뿐더러 한국식 군사문화 자체가 낯선 외국인들이었던 것은 바로 그러한 '성장'의 전후 대비를 극대화하는 동시에 그 과정의 재미를 배가하는 장치이기도 했다. 일부 유명 운동선수를 제외한 거의 모든 출연자의 직업이 군인과는 거리가 먼 직종인 연예인이라는 점도 그에 한몫했다. 그런데 이처럼 자질을 '못 갖춘' 이들이 군사훈련과 병영 생활에 적응하느라 좌충우돌하면 할수록 기획 의도가 실패하는 지점들이 노출될 가능성도 그만큼 커진다. 말하자면, 이러한 성장형 콘텐츠의 세계에서 이상적인 군인성은 누구에게나 당연하게 주어진 자질이 아니며, 출연진이 그 당연하지 않은 것, 아직 주어지지 않은 것을 획득하기 위해 군의 규범을 따르는 과정이 재현되면 될수록 그 규범의 이상함과 우스움과 부조리함이 드러날 여지 또한 그만큼 많아지는 것이다.

그러나 〈강철부대〉는 〈진짜 사나이〉와 달리 처음부터 이미 최상의 기량을 갖춘 남성 군인들만으로 구성된 세계다. 〈강철부대〉는 입영 대상자들이 그저 징집되어 가는 '보통의' 부대와 달리 이 특수부대들이 얼마나 대단한 곳인지를 강조하고 어필하는 데에 갖은 연출력을 투여한다. 이 특별한 군문은 엄격한 기준으로 선발된 '진짜 사나이'들만을 들여보낸다. 이 글의 첫머리에 인용한 제73주년 국군의 날 대통령 기념사의 도입부가 단적으로 보여주었듯이, 이 특수부대들의 경우 형식적으로는 여성 배제가 폐지되었지만 실질적으로는 여전히 '비남성'과 '비국민'에 대한 암묵적 배제가 통용된다. 제목부터가 이미 형용모순인 〈진짜 사나이-여군 특집〉에서 출연자들이 받는 훈련의 수준이 남성들과 똑같이 군인답기에는 부족함이 있도록 '안전하게' 안배되었다는 점이 문제적이었다면, 〈강철부대〉는 '진짜 진짜 사나이'가 아니고서는 애초에 꿈도 꾸지 못할 부대들을 조명함으로써 문제 상황의 차원을 바꾸어 놓고 '사나이', '남자'를 말 그대로 연신 부르짖는다.

〈강철부대〉의 출연진은 첫 대면부터 턱걸이 대결을 하고 첫 대결 미션으로 진흙탕 참호격투를 하면서 이미 완성된 사나이의 단단한 몸을 뽐내고, 카메라의 시선과 스튜디오에 자리한 패널들은 이들의 몸을 관음적이리만큼 훑으면서 그 미덕을 찬양한다. '하드바디'에 대한 이와 같은 찬탄은 아이돌 서바이벌 예능의 도입부를 떠올리게 하는 시즌 2에서 연출을 통해 한층 배가되기도 했다. 이후 단순한 힘자랑에서부터 정교한 사격술을 거쳐 긴박하고 복잡한 대테러작전 수행에 이르는 다양한 대결 미션은, 출연진이 갖춘 군사 활동 수행 능력의 빼어남을 다각도로 '영화처럼' 펼쳐 보인다. 이러한 변화가 의미하는 바는 무엇인가? 일상의 한 부분을 차지하는 방송 콘텐츠에서 군인 되기의 과정이 반복적으로 재현되는 것이 일반 대중 혹은 전 국민의 군사'화'와 연관되어왔다면, 이제 그 초점은 완성된 전투력의 과시로 옮겨간다. 이를 이해하기 위해서는 텍스트 외적 맥락에 대한 고려가 함께 필요하다. 〈강철부대〉에서 궁극적으로 과시되는 것은 시즌 1 제작을 전후한 당시 문재인 정부가 거듭 선전한 바 '국방력 세계 6위'라는 한국의 군사력이며, 이는 정부 출범 이후 꾸준히 진행되어온 '국방개혁 2.0'의 성과이기도 하기 때문이다.

해군은 이지스함과 SLBM을 장착한 잠수함에 이어, 광활한 해양 어디에서나 다목적 군사기지 역할을 수행할 3만 톤급 경항모 사업을 추진하며 대양해군으로 나아가고 있습니다. 공군은 순 우리 기술로 차세대 한국형 전투기 KF21 시제품을 완성했습니다. 'KF21, 보라매'는 마하 1.8의 비행속도와 7.7톤의 공대지미사일 무장 탑재력으로 우리 공군의 중추가 될 것입니다.

이제 우리 국군은 4차 산업혁명의 기술을 기반으로 최첨단 과학기술군으로 도약하고 있습니다. 초연결 네트워크를 활용한 통합공중방어체계, 유·무인 복합 전투체계를 구축하고 있으며 무인 항공 전력도 정찰과 통신중계와 공격 등 다양한 임무를 수행할 수 있도록 고도화하고 있습니다. '국방우주개발'을 넘어 '국가우주개발' 시대를 열기 위한 인공지능 기반의 사이버전체계, 정찰위성, 우주발사체용 고체추진기관 기술 역시 거침없이 발전시켜나가겠습니다.
– 제73주년 국군의 날 대통령 기념사 중에서

이곳 실내 전시장에는 드론, 로봇, 우주장비, 레이저 무기 등 미래 방위산업을 이끌어갈 무기체계가 전시되어 있습니다. 야외 전시장으로 탈바꿈한 활주로에는 첨단기술이 융복합된 차세대 전투기와 헬기, 무인기를 비롯해 전차, 자주포, 장갑차, 미사일요격체계 등 지상 장비가 관람객을 기다리고 있습니다.
– 2021 서울 국제 항공우주 및 방위산업 전시회 대통령 축사 중에서

그런데 여기에서 다시금 흥미로운 충돌이 발생한다. '국방개혁 2.0'의 분야별 목표 중 대국민 연설 등에서 특히 세세하고 길게 강조되는 것은 '전방위 안보 위협에 대응할 수 있는 첨단과학기술 기반 군 구조 발전'의 내용이며, 인공지능, 드론, 로봇, 무인기, 우주장비 등 최첨단 장비 개발로 성취하게 될 차세대 세계 방위산업에서의 선도적 위치다. 정부가 "인공지능 기반

의 사이버전체계"를 거듭 언급하는 한편으로, 이 작전을 '유인(有人)'으로 수행하는 특수부대 출신 군인들의 육체적·전술적 기량이 '평화를 지키는 강한 한국군'을 보여주는 예능 프로그램을 통해 과시되는 셈이다.

최첨단 무인 전투 시대의 남성 '하드바디'라는 이 이중의 과시를 어떻게 이해할 수 있을까? 〈강철부대〉 시즌 2는 시즌 1의 서바이벌 구도와 대결 종목을 거의 그대로 가져온 탓에 신선함이 덜하다는 평을 받았다. 그러나 군 재현에 초점을 맞춰보면, 새로이 시도된 항공기 대테러 미션이나 결승전을 앞둔 특전사 현역 병사들의 에어쇼 응원, 나로우주센터에서 치러진 결승 미션 등에 깔린 모종의 야심은 시즌 1에 비해 한층 더 크다. 시즌 2가 보여준 이 창공에의 열망은 한편으로는 2021년 국군의 날 행사와 아덱스, 좀 더 먼 레퍼런스로는 〈탑건〉(Top Gun, 1986)의 매혹적인 스펙터클을 떠올리게 한다. 공교롭게도, 마침 〈강철부대〉 시즌 2 종영 직후 개봉한 〈탑건〉의 후속작 〈탑건: 매버릭〉(Top Gun: Maverick, 2022)은 바로 무인 전투 시대에 밀려나는 '하드바디'의 처지를 다룬 작품이다. 〈탑건: 매버릭〉은 이 난제를 대함에 있어 재현하기 까다로운 요소들을 생략하고 오로지 조종석 내부의 세계만을 집중적으로 다루며, 전투기 파일럿이 결국 사라지기는 하겠지만 "오늘은 아닙니다."라고 대답해버림으로써 오히려 '하드바디' 및 그 몸들이 떠받치는 '미군 영화'의 종결을 알린다.[18]

그러나 〈강철부대〉는 동시대의 군사 프로파간다로서 〈탑건: 매버릭〉과 유사한 문제 앞에 놓여 있으면서도, 그와는 반대로 첨단의 군사기술과 '하드바디'의 표상을 조화시키기 위해 애쓰는 콘텐츠다. 그 노력은 〈강철부대〉의 대테러 미션들이 보여주는 남한의 새로운 군사주의 프로파간다가 '전 국민의 군사화'와 같은 일국적이고 내부적인 차원을 훌쩍 넘어선다는 데에서 특히 두드러진다. 가령 〈강철부대〉에서 패널 및 시청자들의 "영화 같다."라는 감탄을 가장 많이 자아냈던 대테러 미션들에 드러난 단적인 징후를 언급해볼 수 있겠다. 이 미션들에서 연출된 출연진의 군사작전 수행 능력은 외부로부터의 위협에 대적하며 '우리의 평화를 지키는 강한 군대'의 모습을 매우 구체적으로 과시하고 있기 때문이다. 이는 〈강철부대〉를 벤치마킹하여 2021년 11월부터 SBS에서 방영한 군대 예능 〈더솔져

18　이러한 관점에서 〈탑건: 매버릭〉을 분석한 글로는 영화평론가 김병규의 비평문(〈'탑건: 매버릭' 이미지의 죽음〉,《씨네21》No. 1363, 2022. 7. 13.)을 참조할 수 있다.

스)가 내세운 전략이 바로 '전 세계 특수대원들과 겨룰 대한민국 특수부대 출신 국가대표 요원을 뽑는 글로벌화'라는 점과도, "한반도의 항구적 평화"라는 이름으로 군비경쟁을 정당화하는 동시에 적극적인 해외파병을 자찬하는 당시 정부의 태도와도 연결된다. 군사화의 지구화는 놀랍게도 국제 안보보다는 국가 안보의 이름을 좇아 일어나며, 그 논의와 결정에 참여하는 주체들은 한층 더 남성화된다는 페미니즘 국제정치학 연구자 신시아 인로의 지적을 이 시점에서 새삼 떠올리지 않을 수 없다.[19]

〈강철부대〉와 〈D. P.〉의 사이에서

〈진짜 사나이〉와 같은 '군인 되기' 콘텐츠의 소구력이 다한 이유 중에는 병역의무의 이행이 더 이상 '일등 국민으로서 남성 됨의 증표'를 얻는 혜택으로 여겨

---

19 신시아 인로 지음, 김엘리·오미영 옮김, 《군사주의는 어떻게 패션이 되었을까》, 바다출판사, 2015, 87~90쪽.

지지 않게 되었다는 인식의 변화가 자리한다. 이 인식의 변화가 "여자도 군대 가라."라는 돌림노래로만 비화한다는 것은 안타깝고 소모적인 일이다. '왜 남자만 군대에 가느냐'라고 하면서도 정작 '비남성'의 군인 됨은 철저히 묵살하고 배제한다는 것은 모순된 일이 아니다. 이 모두는 결국 남성중심적 군사주의 및 군대의 초남성성에 대한 자연화를 바탕으로 하는 것들이기 때문이다. 군사 안보에 대한 굳건한 믿음의 자장(磁場)은 너무나 강력해서, 설령 군대를 그대로 둔 채 다양성의 목록을 조금 더 늘린다고 해서 〈진짜 사나이〉에 '여군 특집'이 더해지는 것 이상의 변화가 추동되리라는 희망을 갖기는 힘들다. 오히려 〈진짜 사나이〉가 수그러든 자리를 〈강철부대〉나 〈더솔져스〉가 비집고 들어왔듯이 인기 있는 군사주의의 새로운 버전이 강화될 가능성이 높다면 더 높을 것이다. 반공주의가 예전 같은 힘을 발휘하지 못하게 된 바로 그 자리에, '대한민국주의'에 뿌리를 둔 군사주의가 새로이 자라나고 있듯이.

2021년은 〈강철부대〉 신드롬으로만 요약될 수 있는 해는 아니었다. 군을 재현하는 콘텐츠로서 〈강철부대〉에 못지않은 대중적 영향력을 발휘하며 국방부와 군 당국을 긴장하게 했던 당해의 작품은 바로 넷플릭스 오리지널 시리즈 〈D. P.〉였다. 〈강철부대〉가 "진

짜 사나이들만이 할 수 있는 가장 용맹한" 군인성을 갖
춘 남성들을 과시적으로 재현했다면, 그 반대편 끝에
는 ⟨D. P.⟩가 그려낸 '낙오된' 병사들의 드라마가 있었
던 것이다. 평화활동가 이용석은 ⟨D. P.⟩가 "군대 내부
의 부조리에 대한 이야기면서 동시에 군대 밖에도 만
연한 '폭력'에 대한 이야기"[20]이기도 하다는 리뷰를 전
쟁없는세상 블로그에 실은 바 있다. 이 글은 "바람이
있다면 시즌 2에서는 암울한 현실을 보여주는 것뿐 아
니라, 폭력에 저항하는 이들의 이야기도 들어가면 좋겠
다."라는 문장으로 마무리되는데, 글쓴이 자신이 병역
거부자라는 점을 생각하면 이 '저항'에의 바람은 그저
쉽게 읽히지 않는다. 징집된 남성 병사들이 자행하거나
겪는, 혹은 자행하는 동시에 겪기도 하는 군대 내의 폭
력과 부조리를 다룬 작품들은 이미 다수 발표되어왔다.
일정 정도 이상 회자된 2010년대의 작품들로만 따져도
연상호의 단편 애니메이션 ⟨창⟩(2012), ⟨D. P.⟩의 원작
이기도 한 김보통의 장편 웹툰 ⟨D. P. 개의 날⟩(2015),
박경근의 장편 다큐멘터리 영화 ⟨군대⟩(2018) 등을 얼
른 꼽을 수 있을 정도다. 이 작품들의 공통점이 있다면,

20 이용석, ⟨폭력은 왜 당연하고 자연스러운 일이 되는가⟩,
전쟁없는세상 블로그, 2021. 9. 10.

부조리와 폭력의 폭로 너머가 전망되지 않는다는 점이 아니었나 한다. 이와 관련하여 함께 읽고 싶은 김엘리의 문장을 인용하며 글을 마친다.

"병역의무가 국민의 도리나 남성의 혜택이라고 생각하는 정도는 점차 약해진다. 하지만 대부분의 남성들은 군사 안보나 군대 제도 자체를 의심하지 않는다. 군대는 여전히 당연하고 절대적인 신화이다. 군대는 항상 거기에 있는 법적 권력이다."[21]

21　김엘리, 같은 책, 51쪽.

.

남성들은
무엇이
억울할까?
:

억울함의 감정정치,
여성징병제 청원

김엣지

억울함의 증표,
군 복무

남성들은 억울하다. 언제부턴가 군대는 남성들의 억울함을 응축한 증표가 되었다. 그리고 남성들이 한국 사회에서 차별받는 사례로 군 복무가 으뜸이 되었다. 따져보면, 근대국가의 징병제가 신설된 후 남성이 군대 가는 과업은 억울한 일임에 틀림없다. 개인은 국가와 합의한 적이 없지만, 개인에 앞서서 병역제도는 이미 존재하고 법적 권력은 작동한다. 병역을 선택할 권리 혹은 거부할 권리가 온전히 인정되지 못하는 한국 사회에서는 더 그렇다. 이 억울함은 부지불식간에 켜켜이 쌓인 구조화된 감정이 되었다.

하지만 억울함은 그동안 드러나거나 두드러지게 보이지 않았다. 군대를 면제받기 위해 자신의 몸을 훼손하는 남성들의 행태에서 그 억울함은 삐져나올 일탈 정도였다. 그도 그럴 것이 남성이 군인이 되는 것은 국가를 위한 자기희생의 가치를 사회적으로 실천하는 명예로운 일로 여겨지므로 억울함은 보일 틈이 없었다. 군 복무는 어릴 때부터 여러 사회적 장치를 통해 당연한 것으로 여겨진 탓도 있다. 아버지의 훈육을 통해서, 전쟁영화와 게임, 미디어를 통해서, 그리고 학교 교육을 통해서, 또래 집단과 선배들의 뒷담화를 통해서 군 복무는 남성 세계의 삶을 만든다. 남성이 군대 간다는 생각은 사회 구성원 모두가 익숙하고 자연스러운 문화로 사회화되었다. 더욱이 남성들에게 병역은 성인이 되는 통과의례였으므로 성인 남성으로서 인정받는 일이기도 하다.

그런데 국가와 남성, 군인의 접착력이 약해질수록 억울함은 자신의 모습을 드러낸다. 국가를 위한 자기희생의 가치를 주요하게 여기는 정도가 사회적으로 약해져도 마찬가지다. 대학내일20대연구소의 조사에 따르면 국익을 위해 자신의 이익을 희생할 수 있다고 답한 50대가 55.3%라면, 20대 청년들은 약 29%다.[1] 청년세

---

1   대학내일20대연구소, 세대별 국가 및 사회 인식 비교 조사, 2020. 8.
     11. 전국 만 15세 이상 59세 이하 남녀 1,200명을 대상으로 실시한

대에게 애국심이란 자기희생이 아니라 케이팝과 같은 한국 문화가 해외에 알려질 때 느끼는 감정이다. 유독 2000년대 이후 억울함이 사회적으로 부상된 것도 신자유주의 경쟁사회에서 개인화가 도드라졌기 때문이다. 국가를 중심으로 엮어진 집단 정체성은 약화되고 개인이 각자도생하는 시대가 되었다. 이러한 상황에서 군복무는 개인에게 인생의 손실로 여겨지기 쉽다.

그런데 2000년대 이후 사회적으로 터져 나온 억울함은 일반적인 상황과 그 결을 달리한다. 군가산점제 폐지가 기폭제가 되어 여성 혐오 논란의 터널을 거친 억울함은 아버지 세대서부터 내려온 마음과 다르다. 억울함의 비교 대상이 여성 집단으로 확장되고 오히려 남성이 차별을 받는다는 주장으로 이어진다. 그리고 그 해결책으로 여성징병제가 제시된다.

무슨 일일까? 청년 남성들에게 병역의무가 여성과의 관계에서 억울함이라는 감정으로 유독 표현되는 것은 무엇을 뜻할까? 억울함이란 무임승차한 타인들이 더 좋은 결과를 가졌다고 판단될 때 또는 자신의 노력을 알아주지 않는다고 생각될 때 발생하는 감정이다. 말하자면, 병역면제자가 더 유리하게 혜택을 받거나,

온라인 패널 조사다.

군 복무가 아무것도 아닌 것처럼 취급된다고 느끼는 지점에서 억울함이 발생한다. 남성들의 억울함은 인정의 문제이자 공정성을 논거로 한다. 여성징병제 청원에는 이러한 요소들이 얽혀 스며 있다.

　이 글은 군 복무를 둘러싼 남성의 억울함을 해명하려는 시도다. 물론 억울하다고 해서 모두 다 여성징병제를 주장하지는 않는다.[2] 일부 남성들은 군 복무에 얽힌 자신의 감정을 억울함으로 환원될 수 없는, 그러나 무엇인지 딱 꼬집어 말할 수 없는 것으로 말한다. 어떤 남성들은 자신의 군 복무가 억울하다고 해서 왜 여성징병제를 주장하는가라며 안타까움을 내비친다. 군 복무가 억울한데 여성들조차 징병하는 것은 난센스라고 말하는 남성들도 있다. 그렇다고 해서 억울함의 스펙트럼을 다 펼치며 설명하려는 것은 아니다. 그중 이 글은 억울함의 해결책으로 여성징병제를 제시하는 사회적 에토스에 초점을 둔다. 그래서 그 억울함이 담고 있는 사회적 의미를 살핀다. 그것은 병역의무가 사회적으로 어떤 의미인가를 짚는 것과 같다.

2　김엘리, 〈20대 남성들의 병역의무 동원과 마음정치학〉, 《전환의 시대, 다시 남성의 삶과 남성성을 질문하다》, 계명대 여성학연구소 2021년 추계 학술대회 발표문, 2021. 10. 29.

무엇이
억울할까?

20대 남성들은 병역의무를 어떻게 생각할까? 압축적으로 말하면, 남성들은 시간 낭비라고 말한다. 한국여성정책연구원이 20대 남성 1,117명을 조사한 연구에 따르면, 응답자의 59.8%는 시간 낭비를 꼽는다. 79.4%가 군대는 안 가는 것이 좋다고 응답하고, 66.7%가 군 복무는 잃는 것이 많다고 생각한다.[3] 시간 낭비란 여러 뜻을 내포한다. 국방과 무관한 잡다한 일들을 한다는 것에서부터 군 복무하면서 습득되거나 훈련받은 것들이 일반사회와 호환이 안 된다는 점, 취직이나 복학에 큰 도움이 되지 않는 무용한 활동이라는 말이다. 남성들에게 실리가 없다는 뜻이다. 일자리와 주택 마련이 쉽지 않은 경제적 곤궁함은 군 복무를 시간 낭비로 느끼게 한다. 무엇보다 그렇게 만드는 것은 사회와 단절된 시공간을 느끼는 불안감이고 미래를 위해 투자하는 시간이 멈춰진 불확실성이다.

청년 남성들에게 군 복무는 자신의 시간을 들여 한

3 조영주·문희영·김엘리,《병역담론의 전환을 위한 기초 연구》, 한국여성정책연구원, 2019.

노동으로 인식된다. 그러니 군사노동에 대한 대가는 수반되어야 한다고 여겨진다.[4] 더욱이 자기희생적 국가의무에 대한 가치가 약해지면서 보상 없는 군 복무에 대한 회의는 커졌다. 남성의 군 복무는 투자한 만큼 되돌아오지 않을 손실과 같이 느껴진다.[5] 국민의 도리와 남성의 역할로 여겨졌던 병역은 '이념'을 넘어 경제적 가치로 환산된다.

남성들의 억울함은 병역만의 독자적 문제가 아닌 노동 영역과 연관된다. 일찍이 국가는 병역을 통해 남성들의 노동력을 동원하면서 직업훈련의 기회를 제도화하고 남성을 산업역군으로 생산했다. 산업화시대에 병역의무는 경제력을 지닌 가장으로서 국민으로서 남성들의 자리를 마련하는 토대가 되었다. 그래서 병역과 생산노동, 남성생계부양모델은 국가와 국민의 관계에서 시민권을 구성하는 주요한 요소로 자리 잡았다. 이러한 사회에서 취업과 가정 꾸리기는 남성을 남성답게 만드는 요체가 되었다. 그러나 산업 구조가 변화하고 젠더 구조가 달라지면서 기존의 시민권은 흔들리기 시

---

4   2021년 7월~8월, 2021년 12월~2022년 1월에 필자가 인터뷰한 20대 예비역 남성들의 이야기다.

5   천관율·정한울, 《20대 남자》, 시사IN북, 2019, 134~135쪽.

작했다. 병역의무를 이행하나 취업도 요원하고, 남성만의 생계부양은 현실적이지도 않다. 실제 지난 20년간 맞벌이 가구는 두 배로 커진 만큼 남성만의 생계부양 형태는 줄어들고 있다.[6]

남성들이 느끼는 박탈감의 큰 부분은 이성애 가족을 꾸릴 수 있는 물적 토대나 여성과의 친밀성을 만들기 쉽지 않다는 데 있다. 남성들은 가부장적 전통 속에서 형성된 꼰대문화를 비판하나, 남성중심성의 혜택까지는 부정하지 못한 채 자신의 안전을 훼손한다고 여기는 주범으로 여성을 주목한다. 최근 여성들의 활력은 남성들에게 위기로 느껴지기 때문이다. 전통적 가족주의와 결별하며 개인의 독자성을 꾸려가려는 여성들은 '여성'이라는 이유로 차별받는 현실을 직시하고 변화시키려 한다. 게다가 그 여성들은 페미니즘을 신념으로 삼고 페미니즘의 언어로 자신의 삶을 해석한다.

20대 남성들에게 여성은 남성이 보호해야 할 약자가 아니다. 취업의 경쟁자이고, 합리적인 사랑을 따지는 통제 밖의 인간들이다. 특히 회사나 군대에서 고생하고 돌아온 남성들을 여성이 반겨주며 위로하던 관계

---

6   신경아, 〈신자유주의시대 남성 생계부양자의식의 균열과 젠더관계의
변화〉,《한국여성학》30(4), 한국여성학회, 2014.

는 고전이 되었다. 공적 영역에서 피로한 몸과 불안감을 사적인 친밀성과 사랑으로 해소하기는커녕 성적인 폭력을 고발하고 사랑과 결혼을 평등의 잣대로 논하는 여성들이 버겁기만 하다. 그러면서도 남성의 경제력에 의존하는 이른바 김치녀들의 행태는 이중적으로 보인다. 남성과 여성의 관계가 변화하는 가운데 재편되는 규칙을 알아채지 못하는 남성들은 혼란스러울 뿐 아니라 겉돈다.

이러한 가운데 억울함은 경제적 실익만으로 해명되진 않는다. 병사가 하는 일이 사회적으로 인정받고 있지 못하다는 억울함도 있다. 이 세태에 부응하여 한 스타트업 기업은 군인을 비하하지 말자는 캠페인을 열었다. '군캉스라고 말하지 마세요, 군무새가 어때서요, 군바리라고 부르지 마세요, 우리는 당신의 헌신을 알고 있습니다'라는 슬로건과 함께 병사 사진들을 게시했다. 여성징병제 국민청원 사이트에서는 군인을 비하하며 군 복무를 가치 없는 것으로 만드는 발언에 대해 처벌법 제정을 요구했다.[7] 군인 정체성을 부정당한다고 생

---

[7]   헌법재판소가 낙태죄에 대한 헌법불합치 판결을 내렸던 시기에는
      군인 비하 발언자들에 대한 처벌법을 요구하는 청원 내용도 있었다.
      여성징병제는 임신과 출산 때문에 불가하다는 세간의 언설을 염두에
      두고 출산하지 않는 여성들에게는 여성징병제를 거부할 명분이

각하는 화는 여성들의 무지를 탓했다. 여성은 군사 활동과 군 생활에 무식해서 대화도 안 되고 자기방어법도 몰라서 스스로 생존할 능력이 낮다는 평가를 받는다. 여성의 무지는 경험 없음으로 끝나지 않고 안보의식의 부재로 이어진다. 그 대안으로 여성은 군 복무를 하고 군사훈련을 받아야 한다는 주장도 제기되었다.

젠더 프레임에 갇힌
공정성

남성들의 억울함은 사실상 병역의무의 원리가 내재한 모순에서 태생한다. 병역의무제는 자유가 부재하다. 자유권이 포기되는 지점에서 남성들은 국민의 시민권을 수행한다. 역사적으로 병역과 관련된 시민권 논의는 항상 긴장 관계에 있다. 군은 개인의 권리를 제한하고 병역과 군사 안보를 어떤 것보다 우선에 둔다. 국가 존립이 그 이유다. 군 추행죄나 병역을 거부할 권리를 둘러싼 주류 담론은 국가 안보를 위해 개인의 자유권은 제한될 수 있다는 입장이다. 그런데 이 모순은 신자유주

없다고 판단한 데서 비롯된다.

의 경쟁사회에서 병역의무를 경제적 가치로 해석하면서 더 불거진다. 마치 자율적으로 선택한 자유가 무한한 것처럼 간주되는 신자유주의 사회에서 성장한 청년 남성들에게 국가에 예속되는 경험은 자유가 박탈되는 강제성이고 자기이익과 연결되지 않는 손실이다. 그러나 국가는, 남북한이 분단된 사회에서 전쟁은 항존하고 이를 방어하기 위해선 강한 군사력이 우선된다는 근대적 안보통치를 지속한다. 개인의 자유권과 국가 안보의 충돌과 격차는 개인 남성들이 관리해야 할 몫으로 남겨진다.

최근 국가는 남성들이 토로하는 '잃어버린 시간'의 손실을 줄인다는 취지를 국가인적자원개발정책에 담았다. 이 정책은 2000년대에 오면서 지식기반 경제에 조응하는 인력 양성에 중점을 둔다. 기술정보전에 적절한 인적 자원으로 양성하겠다는 것이다. 이는 비단 변화한 군사전략만이 아니라 자기 능력을 계발하는 시민 양성이라는 신자유주의 통치성과도 통한다. 군은 구체적으로 인권이 존중되는 병역문화 개선을 표방하고 노동 영역과 군 복무의 호환성을 갖추는 자기계발 프로그램을 내세운다. 가령 군은 전경련이나 대학교와 MOU를 맺고 학점 이수를 인정하여 취업 준비 시간을 단축하게 하거나 취업의 연계성을 모색하는 등 군 복무가 손실이 아니라 취직과 연계된다는 점을 강조한다.

군인을 만드는 방식이 달라졌음을 뜻한다.

국가의 호명에 응답한 남성들은 자유권을 상실하지만 군 복무를 하는 동안 최대한 자기돌봄과 안전함을 확보하려 한다. 필자가 만난 예비역 남성들은 자신이 시간을 관리하고 통제하는 때가 바로 그 순간이라고 말한다. 이를테면 독서를 하거나 공부하는 자기만의 시간이다. 하지만 병사들이 느끼는 자기계발의 밀도는 천차만별이다. 부대의 임무가 무엇인지 부대가 어딘지에 따라 자기에게 투자하는 시간의 정도가 꽤 다르다. 그래서 병역의무를 둘러싼 남성들의 억울함은 국가와 남성 시민과의 관계를 다시 살펴야 함을 시사한다. 징병제의 근간이 되는 시민-군인 이념(citizen-soldier ideal)을 짚어야 하는 이유이기도 하다.

그런데 남성들의 억울함은 국가가 아닌 여성을 향해 있다. 군 복무를 하는 자신의 처지를 비교하는 집단으로서 여성을 소환한다. 보초근무를 서거나 야외훈련 중 주먹밥을 먹으면서 느끼는 자신의 처량함은 군 밖에서 자유로이 지낼 것이라고 상상되는 여성을 호출하고 군 복무의 고생스러움을 알지 못하는 여성에 대한 질타로 이어진다.[8] 억울함은 여성과 비교하면서 구체

---

8   김엘리, 〈20대 남성들의 병역의무 동원과 마음정치학〉, 《전환의

적으로 발현되고 체감된다. 특히 군 복무가 남성들에게 시간 낭비로 해석되면, 병역의무가 면제된 여성은 혜택 받는 집단이 된다. 비록 병역의무 면제란 가부장적 사회가 행한 기회의 배제이지만 결과적으로 여성은 수혜를 받는 집단으로 간주된다. 공평하지 못하다는 원망은 군 복무를 젠더갈등 이슈로 치환한다. 그래서 병역의무제를 둘러싼 다른 이야기들은 젠더 프레임 뒤로 사라진다.

청년 남성들에게 억울함이 여성의 관계에서 유독 표현되는 것은 무슨 일일까? 여성징병제 발언이나 병역법 제3조 1항에 대한 헌법재판소 소원은 2000년대부터 간헐적으로 있었다. 그러나 공정성 개념을 적용하며 남성에 대한 차별을 주장한 것은 '20대 남자 현상'이 일련의 사건들을 통해 사회적으로 드러나기 시작하면서다.[9] 공정성은 남성'만'의 병역의무제를 남성에 대한 차별로 인지하고 여성징병제 청원으로 차별을 해결하려는 논거가 되었다. 말하자면, 병역의무의 사회적

시대, 다시 남성의 삶과 남성성을 질문하다》, 계명대 여성학연구소 2021년 추계 학술대회 발표문, 2021. 10. 29.

9 홍찬숙, 〈청년의 무엇이 '성평등 프레임에서 젠더갈등과 공정성 프레임으로' 변화한 것인가?〉, 《젠더리뷰》 62, 한국여성정책연구원, 2021.

배분이 공정하지 않다는 말이다. '남성'에게만 독박으로 부여된 사회적 역할은 부당하다는 뜻이다.

그러나 청년 남성들이 말하는 공정성은 사회정의를 성취하는 원리와는 거리가 있다. 그들은 공정성을 이익 분배로 말한다. 인천국제공항 보안요원의 정규직 전환 논란과 공공의대 설립 논쟁에서도 그랬다.[10] 공정성은 자신의 주장을 합리화하고 억울함과 박탈감을 표현하는 수단으로 사용되었다. 커뮤니케이션학자 김정희원은 이를 담론적 폐쇄로 설명한다. 담론적 폐쇄는 다른 사람의 입장이 사회적 논의에 들어올 공간조차 마련하지 않는 채 '노오력'하는 각자도생의 길을 강조하고 그 길에서 만난 타인들을 타자화하거나 적대시하는 인식을 합리화한다.[11] 그래서 폐쇄담론은 사회적 불평등과 갈등의 실체를 은폐하면서 기득권자의 입장을 부각시키는 데 효과적이라고 말한다. 하지만 그 자체가 내용이 모호하니 20대 남성들의 피해와 공정성의 목소리는 정치인들에게 전유되기 쉽다.

사회학자 홍찬숙도 청년들의 공정성 개념에는 사

---

10 2020년 인천공항 정규직화 논란과 의사 파업에 관한 자세한 내용은 전혜원, 《노동에 대해 말하지 않는 것들》, 서해문집, 2021, 163~196쪽 참조.

11 김정희원, 《공정 이후의 세계》, 창비, 2022, 53쪽.

회정의보다는 사회적 폐쇄의 경향이 강하다고 분석한다.[12] 반페미니즘 현상은 바로 이 사회적 폐쇄 전략의 하나라는 것이다. 20대 남성들에게 특유하게 나타나는 문화는 다른 세대에 비해 성고정관념은 약한 반면 반페미니즘 경향은 강하다. 정치인들과 언론은 반페미니즘의 경향을 활용하여 젠더갈등 프레임을 강화한다. 세대, 계급, 지역 등 다양한 갈등들이 있음에도 불구하고 공정성이 젠더갈등으로 집중되는 것은 작금의 상황을 젠더갈등으로 수렴시키기 때문이다. 이는 2021년 서울시장 보궐선거나 2022년 대통령 선거에서 도드라졌다. 무엇보다 정치인들은 젠더갈등 프레임에서 도드라진 남성들의 억울함을 군대 문제로 환원한다. 군가산점제 부활이라든가 남녀공동병역의무제를 공약으로 내세운다. '20대 남성 달래기'라는 말이 사회 공용어로 조어될 정도다.

하지만 여성징병제 요구가 국민청원으로 이어져서 29만여 명이 서명하는 사회적 동력은 심상치 않다.[13]

---

12   홍찬숙, 같은 글, 30쪽.

13   청와대 국민청원 사이트에 여성징병제를 청원한 게시물은 총 571건이다. 이 중 30일 만에 20만 명 이상의 청원자를 기록하여 청와대의 답변을 받은 청원은 한 건이다(2021. 4. 19., 청원 인원수 293,140명). 그다음으로 청원자의 많은 동의를 받은 청원은 2017년

단순히 감정배설이라고만 치부할 수 없는 병역의무제의 현실을 환기시킨다. 사회를 움직이는 이 정동은 무엇일까? '모두가 군대에 가야 한다'는 신념이다. 이 신념은 한국전쟁과 분단, 군사정부, 남북한의 군사대립이라는 긴 역사를 거치면서 누적되고 구조화된 사회적 마음이다.[14] 이 마음은 국가법의 실행과 제도, 담론을 통해 구축된 사회문화의 양식이라고 할 수 있다. 분단 규율사회의 주파수에 맞춰 사유하고 행동하도록 하는 힘인 것이다.[15]

이 자장 안에서 사람들은 병역의무를 공정하게 분배하는 방법으로 여성징병제를 손쉽게 지목한다. 여성징병제 청원은 젠더 관계가 변화하는 사회풍경 속에서 신자유주의시대의 공정성과 징병제의 보편화가 만난 산물이다.

8월 30일에 시작한 청원이고(123,204명), 이를 재청원한 2017년 9월 26일의 청원이 그다음을 잇는다(83,168명).

14 김엘리, 〈분단된 마음: 군사주의와 페미니즘〉, 건국대학교 통일인문학연구단·교수신문 기획,《분단 극복을 위한 집단지성의 힘》, 한국문화사, 2018, 104~109쪽; 강인화, 〈한국징병제와 병역의무의 보편화: 1960~1999〉, 서울대학교 대학원 사회학과 박사논문, 2019.

15 김홍중,《마음의 사회학》, 문학동네, 2009, 44쪽.

성평등,
말을 전유하며

남성의 억울함을 재현하는 대표적인 집단행동이 여성징병제 청원이다. 청원의 게시물은 내용이나 모양새가 각양각색이지만 게시자들은 유사한 언어와 사례, 비유를 반복적으로 서로 인용하며 마치 검증된 지식과 정보처럼 사용한다. 여기에는 특정한 해석틀과 패턴을 이루며 공동의 의미를 만드는 해석적 레퍼토리가 있다.[16] 이 해석적 레퍼토리는 여성징병제에 의미를 부여하며 정당화한다. 첫째는 병역의무를 수행하지 않는 여성은 시민자격이 없다는 자격 레퍼토리다. 둘째는 여성은 남성보다 체력이 약하지만 병역의무를 못 할 만큼

---

16 해석적 레퍼토리는 "행동, 사건, 기타 현상을 특징짓고 평가하기 위해 이용되고, 되풀이되어 사용되는 용어들의 체계"를 말한다. Wetherell, Margaret, 〈Positioning and Interpretative Repertoires: Conversation Analysis and Post-structuralism in Dialogue〉, 《Discourse & Society》 9(3), 1998; 김수아, 〈남성 중심 온라인 커뮤니티에서의 페미니즘 주제 토론 가능성: '역차별' 담론 분석을 중심으로〉, 《미디어, 젠더 & 문화》 32권 3호, 한국여성커뮤니케이션학회, 2017, 19쪽; Anu Joki, Satu Venäläinen, Hanna Konttinen, Johanna Mäkelä, Mikael Fogelholm, 〈Interpretative Repertoires of Long-Term Weight Management〉, 《Psychology & Health》, 2022. 2. 24., pp. 4-5.

체력이 약하지 않다는 체력/능력 레퍼토리다. 셋째는 남성만의 의무 수행은 남성에 대한 차별이므로 여성징병제를 실시해야 한다는 성평등 레퍼토리다.[17] 여기에는 분노와 화, 안타까움의 감정코드가 있다. 하나는 여성들이 자신의 이해만을 중시하여 권리만 주장하고 의무를 행하지 않는다고 평가하는, 외부를 향한 감정이다. 이 감정은 여성들의 권리운동과 페미니즘에 대한 비판으로 향한다. 또 하나는 병역의무를 이행하는 군인을 존중하기는커녕 비하나 조롱을 일삼는 행태를 보며 발현되는, 내부를 향한 감정이다. 이는 남성들의 자기연민과 같다.

여성징병제를 둘러싼 논쟁은 '여성이 군에 가면 성평등이 이루어질까?'라는 물음으로 귀결된다. 젠더갈등 프레임에서 시작해서 성평등 논의로 끝나는 게 보통이다. 이는 여성징병제 주창자들이 펼치는 논설이 팩트가 아니거나 망상이라는 점을 입증하려는 반대자의 대응 논조와도 크게 다르지 않다. 그래서 자칫하면 성평등 프레임은 병역제도에 대한 실질적인 공론을 미리

---

17 여성징병제 청원 내용과 레퍼토리에 관한 자세한 분석은 김엘리,
〈여성징병제 청원을 통해 본 시민자격과 병역〉, 《한국여성학》 38(2),
한국여성학회, 2022 참조.

차단하는 방패막이가 되기도 한다. 성평등 프레임은 진보나 보수, 국방부가 다 사용하는 것으로, 병역의 다기한 논점들을 단순하게 만든다.

좀 더 주시해야 하는 건 성평등이 성취될까 하는 여부가 아니라 성평등 프레임이 무엇을 하는가다. 성평등 프레임이 어떤 방식으로 작동하는가에 관한 것이다.

여성징병제 청원은 '모두가 군대에 가야 한다'는 징병제의 보편화를 보여주었다. 여기에서 '모두'가 남성으로 제한되었던 사회에서 여성을 포함시키는 청원은 젠더 지형에 변화를 가져올 만한 선언일 수 있다. 시민이 남성으로 대표되었던 시민-군인 이념을 급진적으로 해체하고 성평등을 재구성할 여지를 주었기 때문이다. 하지만 성평등은 공정성과 결합하여 피해자 정체성을 내세우면서 동일한 분배를 할당하는 뜻으로 변질된다.

살펴보면, 청원은 성평등이라는 언어를 차용하여 남성의 것으로 할당되는 징병제를 남성에 대한 차별로 해석한다.[18] 공정성 개념이 들어오면 여성징병제 청원은 그 부당함을 바로잡는 도덕적 의미를 획득한다. 더욱이 분단사회에서 국가 안보를 수호하는 과업이니 국

---

18 청원일자 2019. 1. 3., 청원일자 2019. 1. 21. 등.

가 질서를 잡는 일이기도 하다. 청원자들은 시민-군인 이념을 경유하면서 병역의무가 면제인 여성을 국민 자격이 없다며 저격하고 자격없음을 확증한다. 여성은 국가를 위해 희생하거나 헌신하지 않는 자이며 안보의 무임승차자로 규정된다. 그들은 징병제에 관해서 침묵하면서 자신의 권리를 위해서만 목소리 내는 이기적인 존재다.[19] 그러니 여성은 자원 분배 과정에 배제되어도 권리를 주장할 자격이 없다고 말한다.[20] 청원은 군대에 가지 않는 여성의 책임 없음을 질타하고 국민으로서 자격 없음을 심문하는 공론장이 된다.

페미니즘은 남성에 대한 불평등을 조장하고 여성 권리만 수호한다. 성평등을 표방하는 페미니즘은 오히려 공정해야 할 경쟁장을 훼손한다.[21] 그리고 페미니즘을 정책으로 시행하는 정부는 그 비호 집단으로 간주된다. '20대 남자 현상'은 여성에게 차별받는다는 게 아니라 여성의 편을 드는 페미니즘과 여성가족부가 권력이며 이를 통해 남성이 차별받는다는 믿음에서 온다.

---

19 청원일자 2018. 2. 16., 청원일자 2018. 2. 21., 청원일자 2019. 1. 21. 등.

20 청원일자 2017. 8. 30.

21 김보명, 〈젠더갈등과 반페미니즘의 문법〉, 《비교문화연구》 제56집, 경희대학교(국제캠퍼스) 비교문화연구소, 2019, 1~25쪽.

청년 남성들은 양성평등정책이 오히려 역차별이며 법 집행이 편파적이라고 생각한다.[22] 그래서 페미니즘과 여성가족부는 성평등을 위해서 여성징병제를 시행하도록 힘써야 한다고 주장한다.[23]

여기에는 사회적으로 여성에 대한 평등이 성취되었다는 인식이 깔려 있다. 여성의 사회적 지위가 높아졌고 성평등을 추구하는 시대이므로 여성징병제를 실시해야 한다고 말한다.[24] 2005년 이후 여성징병제를 신설할 법 개정 작업이 추진되었을 때도 높아진 여성의 사회적 지위가 운운되었다. 호주제가 폐지되고 성매매특별법이 제정되면서 성평등한 사회로 진화한 듯한 흐름도 가세했다. 페미니즘이 세상에 드러나고 대중화되는 분위기에서 성평등은 국가 정책을 통해 재현되고 실감되는 경향이 크다. 정부의 양성평등정책은 가시화되고 신자유주의에 조응하는 청년정책은 부재하면서 군 복무에 대한 보상정책이 충분하지 못한 틈새에서 여성징병제 청원은 촉발되었다.

그런데 성평등 개념이 공정성과 만나면서 능력과

---

22 천관율·정한울, 같은 책, 134~135쪽.
23 청원일자 2019. 1. 3., 청원일자 2019. 2. 19.
24 청원일자 2019. 3. 10., 청원일자 2021. 4. 19. 등.

효율성의 문제로 치환된다. 헌법재판소는 남성만의 징병이 합리적이라고 판결하면서 여성의 체력과 출산, 성폭력과 같은 몸의 차이를 그 이유로 설명했다. 반면 여성징병제 청원자들은 몸의 차이를 뛰어넘을 수 있는 능력을 통해 병역의무를 이행할 수 있다고 주장한다. 청원자들은 '여성은 무엇이든 할 수 있다'는 페미니즘의 언어를 선택적으로 차용하고 때론 조롱의 의미로 비틀면서[25] 병역 이행을 격려한다. 하지만 그들은 남성의 몸을 기준으로 몸의 능력을 가늠한다. 여성에게 적합하다고 여겨진 업무, 가령 간호나 행정 업무에 여성을 배당하거나 신체 조건이 미달인 남성들을 대신하는 대체복무에 여성을 배치하는 식이다.[26] 그래서 여성징병제 청원에서 말하는 성평등은 남성과 동일한 기회 부여를 뜻하지만 기존 질서와 크게 다른 모습은 아니다. 군의 효율성을 위해서 몸은 위계화되고 성차에 따라 남녀의 일은 구별된다.

---

25 이를테면 'Girls can do anything' 슬로건을 자주 인용한다. 또한 '페미니즘은 남성과 같거나 혹은 남성보다 여성이 더 능력이 많다고 보지 않느냐'는 등의 서술도 있다.

26 청원일자 2019. 11. 11., 청원일자 2020. 1. 6.

억울함의
감정정치

　남성이 차별을 받는다는 피해자 멘탈리티는 여성징병제 청원의 출발이자 명분이다. 그런데 '피해'의 개념을 매우 혼란스럽게 만든다. 시민-군인이 된다는 것은 가부장적 근대국가에서 산출된 권력을 구체화한 정체성이다. 남성성이 그렇듯이, 군인이 된다는 것은 국가권력의 수행자이고 일등 국민이지만 이를 보존하기 위해선 희생이 따르는 양면성을 가진다. 그뿐이랴. 적을 사살할 수 있는 권한을 국가로부터 위임받지만 자신의 몸이 훼손될 수도 있다.

　최근 피해자 정체성은 비단 한국의 현상만이 아니라 세계적으로 보수주의 정치인들이 내세우는 전략으로 주목받는다.[27] 도널드 트럼프 전 미국 대통령은 피해자 멘탈리티를 전유하여 자신의 정치적 목적을 위해 수사한 감정정치로 유명하다. 중하층 계급의 백인 남성들을 움직이는 피해자 멘탈리티는 이전의 영광을 다

27　민가영, 〈'피해' 개념의 재배치 시대에 여성주의적 개입을 위한 시론〉,《한국여성학》38(1), 한국여성학회, 2022; Al-Ghazzi, Omar, 〈We Will Be Great Again: Historical Victimhood In Populist Discourse〉,《European Journal of Cultural Studies》24(1), 2021.

시 찾아 위대한 미국을 만들겠다는 정치인들의 선동 안에서 포장되었다. 또한 서구 남성운동에서도 유사한 현상을 볼 수 있다. 늘어나는 이혼과 함께 자녀양육권을 둘러싼 법정소송을 겪으면서 남성들은 과도한 페미니즘 때문에 자신의 권리가 침해받는다고 설파한다. 그들은 페미니즘의 언어를 가지고 자신의 처지를 설명하며 페미니즘을 문제화한다.[28] 단순한 백래시라기보다 페미니즘을 훼손하거나 삭제하는 방식으로 무력하게 만든다.

여성징병제 청원도 성평등의 언어를 차용하고 피해자 멘탈리티를 체현하면서 구조적 불평등을 지운다. 그래서 마치 구조적 차별은 없는 것처럼 하면서 개인의 능력이 있으면 무엇이든 할 수 있음을 내세우거나 여성과 남성의 균형을 강조하는 방식으로 공정성을 말한다. 피해자 멘탈리티는 정치인들에게 도덕적 감정을 제공하며 달래야 할 우선적인 대상으로 선점된다. 따져보면 내셔널리즘의 안보담론에는 피해자 멘탈리티가 깃들여 있다. 적과 우리를 구분하고 적이 우리를 위협

28　Ana Jordan, 〈Conceptualizing Backlash: (UK) Men's Rights Groups, Anti-Feminism, and Postfeminism〉,《Canadian Journal of Women & the Law》 28(1), 2016.

하고 위험에 빠트린다는 피해의식은 국가 안보를 지속시키는 감정정치이다. 군사훈련과 활동은 특정한 집단을 적대시하거나 위험한 존재로 설정하는 이 감정 정동 안에서 움직인다. 물론 청년 남성들의 억울함이 허구라는 뜻은 아니다. 여성징병제 청원이 어떤 방식으로 여론이 되는가를 살피자는 것이다.

한 발짝 물러나 본다면, 여성징병제 제안은 한국 사회가 무엇으로 움직이는가를 보여준다. 군 복무를 수행했느냐의 여부로 국민 자격을 논하고 권리를 향유할 수 없다는 사회적 에토스는 병역의무가 한국 사회에서 규범으로 작동하는 현실을 나타낸다. 병역은 우리의 사유와 행위를 특정한 방식으로 조직하고 이끄는 통치력이다. 그래서 군 복무를 이행하지 않거나 면제된 특정한 집단은 단죄와 낙인의 대상이 된다. 그래서 여성징병제 청원은 여성이 군 복무를 할 것인가 안 할 것인가라는 단선적인 물음을 넘어서 우리 사회가 병역의무를 매개로 어떻게 조직되고 움직이는가를 노출하는 사회적 현상임을 일깨운다.

또한 숙고할 거리도 준다. 군 복무에 대한 남성들의 감정이나 태도에는 억울함만 있는 것은 아니다. 억울함으로 수렴되기에는 남성들의 군 경험은 모순적이고 양가적이고 복합적이다. 남성들은 자신을 약자의 위치에 두고 역차별받는다고 하면서도 군부심을 발휘한다. 군대에 가고 싶지 않다고 하면서도 병역의무는 당연하다고 말한다. 군 복무가 시간 낭비라고 소리 내어 말하면서도 사회생활을 배웠다고 자평한다.

국가에 대한 강제적인 자기희생은 병역의무에 대해 복합적인 감정을 갖게 한다. 국가 부름에 대한 남성들의 응답은 헌신이나 순응만이 아니라 적당한 동의, 침묵, 소극적 항거 등 균질적이지 않다. 그뿐 아니라 말단 이등병에서 병장까지의 계급을 거치면서 남성들은 약자와 권력자의 위치를 두루 경험한다. 군대의 위계질서 속에서 권력을 배우고 수행한다. 따라서 남성의 억울함은 남성을 단순히 피해자의 자리에 정박할 수만은 없다. 이 복잡함을 드러내고 언어화한다면 남성들이 말하는 억울함으로 환원될 수 없는, 그러나 딱 꼬집어 말할 수 없는 그 어떤 것을 형상화할 수 있을 것이다.

섹슈얼리티
읽어-버리기
:

병역거부 심사와 재판은
성적 지향을 어떻게
다루는가

또 하나의 문화

1 읽어-버리기와 권력 읽기

영화 〈알리가르〉(Aligarh, 2015)는 람찬드라 시라스 교수의 실화를 다룬다. 알리가르 무슬림 대학교에서 인도의 지방어를 가르치던 시라스는 64세가 되던 해 대학으로부터 정직을 당했다. 지역 언론사 기자 두 사람이 다른 남성과 안고 있는 시라스의 모습을 촬영해서 배포했기 때문이다. 법원에서 정직무효 판결이 나온 다음 날 시라스는 스스로 목숨을 끊었다.

인도 델리 고등법원이 '동성애 처벌법'에 대해 위헌 판결을 내린 지 한 해가 채 지나지 않아 벌어진 사건이었다. 인도 형법 377조는 '자연섭리를 거스르는 성행위'를 최대 10년형에 처할 수 있도록 명시했는데, 동성애도 여기에 포함했다. 델리 고등법원은 이 조항이 '생명과 신체자유의 권리'를 보장하는 헌법 21조에 위배된다고 판단했다.

영화 속 시라스 교수는 기자와 인터뷰를 하며 자신

을 둘러싼 혼란스러운 상황에 관해 이렇게 말한다. "나에 대한 음모가 있었어요." 그는 기자들이 침입하기 일주일 전에 동료 교수로부터 위협을 당했다고 회고한다. "나는 우르두어를 사용하는 이 도시에서, 결혼한 사람들의 세계에서 혼자 살면서 마라티어를 가르치고 있어요. 그 사건이 벌어지기 일주일 전에 동료 교수들이 내게 언어학과 학과장 자리에서 물러나라고 위협했지요."

기자는 "왜?"냐고 물으며 녹음기를 든 손으로 진지하게 덧붙인다. "당신이 게이이기 때문인가요?"

시라스는 말을 잠시 멈추고 기자의 눈을 바라본다. 그리고 조용히 답한다. "나는 당신의 말이 어떤 의미를 담고 있는지 이해하기 어렵네요." 그는 이렇게 말을 이어간다. "누가 게이(gay)라는 세 글자로 나의 느낌을 이해할 수 있겠어요? 마치 시처럼…… 감정적이며, 나의 통제 바깥에 있는 절박한 욕망…… 통제할 수 없는 충동을 말이죠."

기자가 잠시 주춤하며 시에 익숙하지 않다고 답하자 시라스는 말을 이어간다.

"시가 다른 데 있는 건 아닙니다. 시는 말 사이의 공간, 침묵, 멈춤에서…… 이 시대는 시를 이해하기가 불가능해요. 모든 것에 이름표를 붙이고자 하기 때문이에요."

영화 속 시라스는 자신을 둘러싸고 벌어진 사건을 이해하기 위해서라도 분류하고 판단하는 행위를 잠시 멈출 것을 요구한다. 한 인간의 존재를 짧은 이름표에 담아 읽어버릴 때 자아가 가진 다채로운 면모는 버려지기 때문이다. 그를 이끌었던 기대와 기쁨, 욕망과 자아, 홀로 선택해야 했던 결단을 단순히 '게이'라는 이름으로 읽어버리는 것은 가능하지 않다.

그렇다면 '당신이 병역을 거부하는 건 게이여서가 아닌가?'라는 질문은 어떤가. 국가기관이 처벌을 전제로 하는 조사와 심사에서 성소수자에게 이런 질문을 던진다면 이 질문 앞에 과연 어떤 대답이 가능할까.

'당신이 병역을 거부하는 건 게이여서가 아닌가?'

2021년 1월 대체역심사위원회는 여호와의증인 신도가 아닌 신청인의 대체역 편입을 받아들였다. 이날 심사에 통과한 오수환은 타인을 해칠 수 없다는 신념에 따라 군 복무 대신 대체역 복무를 신청했다. 그 전까지 대체역 편입이 받아들여진 900여 명의 양심적 병역거부자들은 모두 여호와의증인 신도였다.

대체역심사위원회의 결정에 대해 오수환은 언론 인터뷰를 통해 이러한 심경을 밝혔다. "비폭력·평화주의가 누구나 가질 수 있는 양심으로 인정받음으로써 이제는 모든 성역을 열어젖히고 평화가 무엇인지, 어떻게 평화를 이룩할 수 있는지를 함께 고민했으면 좋겠다." 그러나 양심에 대한 심문은 대체역심사위원회의 결정으로 끝나지 않았다. 오수환은 대체역제도가 도입되기 전이었던 2018년 4월에 입영을 거부하여 서울지방병무청으로부터 병역법 위반으로 고발된 상태였다. 헌법재판소가 양심적 병역거부자에게 대체복무를 제공하지 않은 병역법에 대해 헌법불합치 결정을 내리기 두 달 전이었다. 이에 따라 오수환의 병역법 위반 여부를 다루는 재판이 대체역심사위원회의 결정이 나온 뒤에도 진행되었다. 1심 재판부는 헌법불합치 결정 이전이더라도 당시 병역법에 위헌적 성격이 있다고 보아 이 사건에 대해 '대체역의 편입 및 복무 등에 관한 법률(이하 '대체역법')'을 소급적용하여 무죄를 선고했다.

---

1 이혜리, 〈[단독] 종교 아닌 '평화주의' 양심적 병역거부자 첫 대체복무 인정〉, 《경향신문》, 2021. 2. 24.

검찰은 즉시 항소했다. 검찰은 항소이유서에서 오수환이 "집단주의 문화와 동성애 처벌에 대해 반대"하며 입영을 거부했기에 양심적 병역거부의 '정당한 사유'로 볼 수 없다고 주장했다. 2018년 그가 병무청에 제출한 사유서에 "평화주의 신념 및 성적 지향"을 이유로 병역을 거부한다고 적혀 있었기 때문이다. 오수환은 검찰조사 과정에서 자신이 입영을 거부한 주된 이유가 평화주의 신념이라고 진술했다. 권위적이고 폭력적인 군대문화와 군대 내 동성애자 색출 사건 등도 비판한다는 사실 또한 부인하진 않았다. 검찰은 오수환이 병역을 거부한 주된 동기가 성적 지향이라고 의심할 여지가 있기에 '정당한' 양심적 병역거부로 인정할 수 없다고 주장했다. 대체역심사위원회의 심사에서도 일부 심사위원들은 "신청인의 관련자 진술서에는 신청인의 병역거부가 성적 지향으로 인한 병역거부라는 의심이 들기에 충분한 내용이 있다."라고 지적했다. 이 심사위원들은 오수환의 대체역 편입신청을 기각해야 한다면서 이렇게 결론을 내렸다. "성적 지향으로 인한 병역거부는 양심적 병역거부로 볼 수 없다."[2]

---

2   박대로, 〈'군대 안 오면 탈영도 안 해' D. P. 화두… 현실적 대안은?〉, 뉴시스, 2021. 9. 12.

검사와 심사위원들이 묻고자 했던 질문은 노골적이리만큼 단순했다. '당신이 병역을 거부하는 건 게이여서가 아닌가?' 오수환은 살상무기를 취급하고 훈련을 받는 것 자체를 결코 감내할 수 없다며 평화주의 신념을 강조했지만 그 신념을 형성하는 데 성적 지향이 영향을 끼친 것이 아니냐는 의심이 집요하게 이어졌다. 의심은 성적 지향에 따른 병역거부이기에 정당성을 결여했다는 논리로 이어졌다. 2018년 대법원은 양심적 병역거부를 "종교적·윤리적·도덕적·철학적 또는 이와 유사한 동기에서 형성된 양심상 결정을 이유로 집총이나 군사훈련을 수반하는 병역의무의 이행을 거부하는 행위"라고 정의했다. 사실상 어떠한 동기라도 군복무 거부에 대한 신념이 진지하고 확고하다면 병역거부의 '정당한 사유'가 될 수 있다. 그런데도 성적 지향이 조금이라도 결부되었다면 병역거부의 사유로 인정할 수 없다고 주장하는 것이다.

젠더와 섹슈얼리티에 대한
모순적인 통제를 읽는 방법

"성적 지향으로 인한 병역거부는 양심적 병역거

부로 볼 수 없다.”라는 주장은 병역제도가 젠더와 섹슈얼리티를 다루는 새로운 양상을 보여준다. 군대는 병영 안에서 여성을 성적으로 대상화하고 성소수자를 혐오하면서 헤게모니적 남성성을 만들거나 유통시키는 기구로 주목받아왔다. 특히 한국 사회에서 동성애로 볼 수 있는 행위들을 처벌하거나 병리화하는 국가기관은 군대가 유일하다. 군대는 군형법상 ‘추행죄’로 남성 동성 간의 성행위를 처벌하고 신체와 심리에 대한 검사를 통해 동성애를 병리화하는 등 성소수자를 색출하고 판별하고자 애써왔다.[3] 보수적인 성규범에 들어맞지 않는 성적 지향을 지닌 사람을 병영으로부터 적극적으로 배제해온 것이다. 이러한 배제는 군대 조직의 사기와 통일성을 유지해야 한다는 명목으로 이루어졌다.

그런데 양심적 병역거부에 대한 재판과 심사에서는 성적 지향에 대한 접근법이 완전히 뒤집힌다. 평화주의 신념에 따라 병역을 거부하겠다고 선언한 사람이 성소수자라는 이유로 병역거부를 인정할 수 없다는 것

3 권인숙, 〈군대 섹슈얼리티 분석〉,《경제와사회》82, 비판사회학회, 2009; 추지현, 〈강간과 계간 사이: 군형법상 ‘강간과 추행의 죄’의 법담론〉,《한국여성학》29(3), 한국여성학회, 2013; 박차민정, 〈‘군대가정’과 ‘계간’하는 시민: 군형법 제92조의6 그리고 ‘동성애 반대’〉, 김신현경 외,《페미니스트 타임워프》, 반비, 2019.

이다. 군대가 그동안 성소수자를 배제해온 행태로 미루어본다면 자신이 성소수자임을 굳이 숨기지 않는 사람을 병영에 들이지 않으려 할 것이다. 그러나 병영에 들어가는 것을 거부하는 사람을 상대로 성적 지향과 정체성을 묻는 심문은 예상과 달리 진행되었다. 병역을 거부하는 주된 사유가 평화주의 신념이라고 힘주어 말하더라도 성적 지향을 언급한 진술이 조금이라도 엿보이면 인정할 수 없다는 것이다. 이 경우 성소수자에게는 입영이나 처벌 말고 다른 선택지는 주어지지 않는다.

"성적 지향으로 인한 병역거부는 양심적 병역거부로 볼 수 없다."라는 식의 주장은 성소수자를 병영에서 배제하고 처벌해온 군 당국의 입장과 결이 사뭇 다르다. 한편에서는 성소수자를 색출해내고 처벌하거나 병리화하며 병영 바깥으로 배제하고자 하면서도, 다른 한편에서는 성소수자임이 드러나면 군 복무 거부를 할 수 없다며 병영 안에 묶어두려는 모순된 조처가 동시에 벌어지는 현실을 어떻게 이해할 수 있을까. 사회학자 래윈 코넬은 국가를 하나의 통일되고 완결된 구조로 보아선 안 된다고 말한다. 성정치의 역동적인 면모를 파악하기 위해서는 국가를 우연하고 다양한 실천들이 얽히는 가운데 구성된 결과물로 보아야 한다는 것이다. 이러한 관점에 따르면, 헤게모니적 성 권력은 정치제도에 확고하게 자리를 잡고 있지만 젠더와 섹슈얼리티 통제에 관여하는 사회관계가 역동적이어서 국가 엘리트에 의해 완전히 통제되기가 어렵다. 국가는 성적 위계를 단순히 반영하는 기구가 아니라 젠더와 섹슈얼리티에 관계된 행위자들의 다양한 실천들 속에서 구성되는 '역사적 집합체(historical collectivity)'이기 때문이다.[4] 국가 정책 역시 젠더와 섹슈얼리티에 관련한 한 장의 청사진에 따라 일사불란하게 집행하기보다는 안보와 안전, 건강, 가족처럼 사회적 관계를 다루는 여러 담론과 정책들이 복잡하게 가로지르며 만들어낸 구성물로 보는 편이 적절하다.

병역제도가 젠더와 섹슈얼리티를 구성하고 다루는 방식도 다양하게 전개된다. 병역제도는 인구, 국제정세, 일자리, 여론 등 여러 조건들과 연관되어 있기에 국방부나 병무청만이 아니라 행정부, 입법부, 사법부가 모두 각자의 입장에 따라 정책 수립과 집행에 개입한다. 여러 기구들이 개입하는 과정에서 일면 모순적인 실천들이 경합하거나 조율되기 때문에 권력의 개입 방

4　Connell, R. W., 《Gender and Power: Society, the Person, and Sexual Politics》, Stanford University Press, 1987, p. 127.

식들을 분별하여 나름의 역사성과 국면성에 주목하고 조사해야 한다. 양심적 병역거부에 대한 재판과 심사에서 젠더와 섹슈얼리티가 다루어진 방식은 병역제도의 새로운 면모를 보여준다.

2 사법적 제도화:
사적인 것, 예외적인 것,
종교적인 것으로
읽어-버리기

2000년대에 들어서 병역거부운동이 한국에서 평화활동가들 사이에서 주목받기 시작했다. 당시 한국 시민단체들과 교류하던 퀘이커 계열 미국친우봉사위원회(American Friends Service Committee)의 동아시아 담당관 존 페퍼와 카린 리가 병역거부운동을 함께 할 단체로 한국의 평화인권연대를 찾았다.[5] 한국의 평화활동가들은 이러한 교류를 통해 국가폭력과 인권감수성, 군사화에 대한 문제의식 속에서 병역거부운동을 전개해나갈 수 있었다.[6]

2001년 2월 양심적 병역거부를 다룬 보도가《한겨레21》에 처음 실렸다. 같은 해 12월에는 불교신자 오태양이 여호와의증인 신도가 아닌 병역거부자로서 처음

---

5 전쟁없는세상,《비폭력 캠페인을 위한 안내서》, 2014, 180쪽.

6 임재성,《삼켜야 했던 평화의 언어》, 그린비, 2011, 118~132쪽.

으로 공개 기자회견을 통해 군 복무를 거부한다고 선언했다. 그리고 이러한 노력 덕분에 양심적 병역거부자에 대한 처벌이 사회적 이슈로 주목받게 되었다. 사법부에서도 2002년 병역법 제88조에 대한 위헌법률심판제청[7]을 비롯하여 2004년 제1심 무죄판결[8] 이후 항소심 4건을 포함하여 80여 건의 무죄판결과 위헌법률심판 제청이 이루어졌다.[9]

2004년 7월 대법원은 병역법 제88조 제1항의 '정당한 사유'를 해석하기 위해서 이익형량판단이 이루어져야 한다고 판단했다.[10] 병역법 제88조 제1항은 입영 대상자가 "정당한 사유 없이 입영일이나 소집일부터 다음 각 호의 기간이 지나도 입영하지 아니하거나 소집에 응하지 아니한 경우에는 3년 이하의 징역에 처한다."라고 명시한다. 그동안 '정당한 사유'를 두고 '병역의무 자체를 이행할 의사는 있으나 갑작스러운 발병 등으로 입영 기일을 지키지 못했던 사유 등'으로 해

7　서울남부지방법원 2002. 1. 29. 자 2002초기54 결정.

8　서울남부지방법원 2004. 5. 21. 선고 2002고단3940, 3941 판결.

9　대체역심사위원회, 《제1차 대체역심사위원회 연간보고서》, 2021, 11쪽; 강태경, 〈양심적 병역거부의 '정당한 사유' 해석론 비판〉, 《형사정책연구》 29(3), 한국형사법무정책연구원, 2018, 28쪽.

10　김도균, 〈법적 이익형량의 구조와 정당화문제〉, 《서울대학교 법학》 48(2), 서울대학교 법학연구소, 2007, 57~58쪽.

석해왔기 때문에 '양심에 따라 병역을 거부하는 행위'가 포함될 여지는 없었다. 하지만 2004년 대법원은 병역을 거부하는 행위가 "헌법에 의해 보장되고, 나아가 그 권리가 위 법률 조항의 입법 목적을 능가하는 우월한 헌법적 가치를 가지고 있다고 인정될 경우"에 한해 예외적으로 '정당한 사유'로 인정할 수 있다고 판결했다.[11] 이와 같은 판례는 양심의 자유가 병역의 의무에 비해 법적 이익이 더 클 경우에 양심적 병역거부를 정당한 행위로 인정하도록 해주었다.

이익형량판단,
비교 그리고
관용

여기에서 이익형량판단이라는 방법론에 주목할 필요가 있다. 이익형량판단은 병역의 의무와 양심의 자유를 각기 비교 가능한 객체로 분리한 뒤에 법익이라는 기준으로 양쪽의 경중을 따지는 계산법이다. 여기에는 '비교'라는 방법론이 전제되어 있다. 비교의 저울을 작

11　강태경, 같은 글, 46쪽.

동하기 위해서 우선 병역의 의무와 양심의 자유를 독립된 객체로 나누어야 한다. 문제는 비교가 대체로 공평하지 않다는 데 있다. 비교의 저울은 한쪽에 보편적인 가치를 두곤 한다. 그리고 저울의 반대쪽에는 예외적으로 보호해야 하는 가치가 배치된다. 병역거부에 대한 판결에서는 병역의 의무가 보편적인 것이었고 양심의 자유가 예외적인 것으로 분류되었다. 이익형량판단에서 예외적이고 특수한 가치는 보편적인 가치보다 가벼운 선에서만 용인될 수 있을 따름이다. 이와 같은 이분법은 보편을 해치지 않는 선에서 특수를 예외적으로 인정하는 '관용'이 가능한 공간을 창출할 여지를 만든다. 양심적 병역거부는 현상 유지를 전제로 관용의 대상이 될 수 있었다. 병역거부자의 수가 한 해 600명 내외에 머문다는 통계적 사실은 곧 병역거부자가 한 해에 600명 내외로 한정되어야 한다는 당위로 뒤바뀌었다. 양심적 병역거부권은 현상 유지가 전제된다면 허용할 수 있는 문제가 되었다. 지배적인 군사정책에 균열을 가하지 않는 선에서만 인정될 수 있는 사안으로 여겨지니 병역거부자가 제기하는 문제의식도 소수자 개인의 사적 문제로 한정해서 용인해줄 따름인 것이다.

　　양심적 병역거부권이 국제인권규범으로 자리를 잡아온 과정과 대조해보면 문제가 더욱 뚜렷이 보인다.

유엔을 중심으로 한 국제인권기구에서 병역거부는 개인 양심에 따른 '권리'이자 동시에 인종차별과 군사적 점령처럼 부당한 무력행사를 억제하기 위한 세계시민의 공동 '의무'로 본다. 유엔 창설 초기부터 〈세계인권선언〉의 전문에 따라 제2차 세계대전의 상처를 반복하지 않기 위한 군축 의제로서 양심적 병역거부권을 요구하는 운동이 전개되었다. 1966년 통과된 자유권규약이 사상, 양심, 그리고 종교의 자유에 대한 권리를 명시했던 것 역시 전쟁을 반대하며 군축을 지지했던 〈세계인권선언〉의 정신에 따라 이룬 결과였다.

1960년대 미국의 베트남 침공에 반대하거나 1970년대 남아프리카공화국의 흑백분리와 식민주의 침략에 반대했던 운동은 부당한 무력에 가담하지 않고 거부하는 것이 세계시민의 보편적인 의무가 되어야 한다는 공감대를 이끌어낼 수 있었다. 이처럼 양심적 병역거부권에 대한 논의는 나치 독일의 유대인 학살에 대한 서구 사회의 반성을 넘어서 당대의 인종차별과 군사적 점령을 해결하기 위한 '의무'이자 '권리'라는 사실에 대한 강한 공감 속에서 이루어졌다. 1989년 유엔인권위원회가 양심적 병역거부권이 "사상·양심 및 종교의 자유에 대한 정당한 권리의 실행으로서 병역에 대한 양심적 거부를 할 수 있는 모든 이의 권리"라는 결의안을 채택했을 때, 이 결의안의 서문을 유엔이 앞서 채택한 인종차별 반대 결의안에 헌정하고 식민지배에 저항했던 운동이 환기한 자기결정권의 중요성을 강조한 것에서 그러한 공감대를 확인할 수 있다.[12]

한국에서도 양심적 병역거부권을 인정하고 대체복무제를 도입하는 과정에서 국제인권규범은 중요한 기준으로 언급되었다. 하지만 사법부에서 양심적 병역거부권을 법적으로 인정하기 위해 채택한 이익형량판단이라는 프레임은 양심적 병역거부권이 양심의 '권리'임과 동시에 인종차별과 군사적 점령 등 부당한 무력행사를 억제하기 위한 세계시민의 '의무'로 요구되었던 국제사회의 논의를 지워버리고 말았다. 2018년 헌법재판소는 병역법 헌법불합치 결정에서 양심적 병역거부자를 위한 대체복무제도를 도입하더라도 국방력이 저하하거나 병역의무자들에게 박탈감을 주는 부작용이 미미한 반면에 양심적 병역거부자들이 감수해야

---

12 양심적 병역거부권이 국제인권규범으로 자리를 잡게 된 과정에 대해서는 백승덕, 〈양심적 병역거부권의 제도화와 섹슈얼리티 사사화〉,《기억과 전망》48, 한국민주주의연구소, 2023, 98~105쪽; Jeremy Kessler, 〈The Invention of a Human Right: Conscientious Objection at the United Nations, 1947-2011〉,《Columbia Human Rights Law Review》44(3), 2013 참조.

하는 불이익이 너무 크다고 판단했다. 앞서 2004년 대법원이 도입한 이익형량판단이라는 프레임이 여기에서도 적용된 것이다. 이러한 구도는 양심적 병역거부라는 사안을 오로지 사회적 소수자인 병역거부자의 고통을 경감시켜주는 방법으로만 논의하면서 예외적이고 사적인 것으로 그려냈다.

양심적 병역거부권을 지극히 종교적인 사안으로 규정하는 판결이 이어졌다. 2018년 대법원은 양심적 병역거부자에 대한 무죄 선고를 확정하는 첫 판결을 내놓았다. 피고들의 병역거부가 국방력에 끼치는 영향에 비해서 당사자들이 감당해야 할 양심상의 갈등과 고통이 너무 크다는 취지였다. 양심적 병역거부를 병역법상 '정당한 사유'로 포함시킨 첫 판례였다. 문제는 이 판결의 피고인들은 모두 여호와의증인 신도들이었다는 점이다. 대법원은 이 판결에서 양심적 병역거부를 두고 "종교적·윤리적·도덕적·철학적 또는 이와 유사한 동기에서 형성된 양심상 결정을 이유로 집총이나 군사훈련을 수반하는 병역의무의 이행을 거부하는 행위"라고 정의하여 양심적 병역거부의 '정당한 사유'에 종교적 신앙 외에 세속적인 동기까지도 포함했다. 그럼에도 이 판결은 '병역거부자들은 국방의 의무를 부정하지 않고 단지 집총이나 군사훈련을 수반하는 행위를 할 수 없어서 거부할 뿐'이라고 일반화하는 단서를 붙여서 마치 양심적 병역거부가 모두 집총과 군사훈련을 금지하는 여호와의증인의 교리에 따라 이루어지는 것처럼 오해하도록 만들었다. 또한 이 판결이 병역거부자의 양심을 심사할 수 있다며 제시한 방법 역시 여호와의증인 신도임을 증명하는 기준에 맞춘 것이었다. 병역을 거부하라는 교리의 유무, 신도들의 병역거부 전통, 교리 숙지 및 실천 등은 너무나 특정 종교의 관행에 맞춰진 것이었다.[13] 이에 따라 2018년 대법원 판결 이후 재판에서 여호와의증인 신도들이 병역을 거부한 사건은 대부분 무죄 선고로 이어졌다.

반면에 여호와의증인이 아닌 병역거부자는 '집총이나 군사훈련을 수반하는 병역의무 이행을 거부하는 것'이라는 병역거부 기준에 들어맞지 않는다는 이유로 유죄 선고를 받는 경우가 많았다. 군사문화의 폭력성, 군형법 제92조의6에 의한 동성 간 성행위 처벌처럼 비합리적이고 반민주적인 군대에 대한 문제의식에 따라 병역을 거부한 경우는 대법원이 판례에서 제시한 '정당한 사유'에 해당하지 않는다는 논리였다.[14] 한국에서

---

13 대법원 2018. 11. 1. 선고 2016도10912 전원합의체 판결.
14 서울서부지방법원 2019. 5. 16. 선고 2018노1086 판결,

양심적 병역거부권이 법적으로 제도화되는 과정에서 전에 없던 낯선 장벽이 겹겹이 세워진 것이다.

서울중앙지방법원 2019. 9. 26. 선고 2017노1528 판결.

3   재판과 심사:
읽어-버리기 속
벌어진 틈

      대법원 판례는 병역거부자가 자신의 신념에 관해 진술하는 가운데 성적 지향을 언급하거나 병역거부 사유로 직접 제시한 경우에 양심적 병역거부로 인정할 수 없다고 공격하는 근거로 빈번하게 활용되었다. 성적 지향에서 비롯한 신념에 따라 병역을 거부하는 행위는 가뜩이나 사적인 것으로 국한된 양심적 병역거부권의 인정 범위에서조차 배제되기 십상이었다.[15] 한국 사회에서 성적 지향이 주로 사적인 삶의 영역에서 행복과 안전을 추구할 권리처럼 개인의 성적 취향과 소비 행위로 사사화하는 한계 속에서 논의되어왔기 때문이다.[16]

---

15   강유인화, 〈병역, 기피·비리·거부의 정치학〉, 《여성과 평화》 5, 한국여성평화연구원, 2010, 109~111쪽.

16   서동진, 〈인권, 시민권 그리고 섹슈얼리티〉, 《경제와사회》 67, 비판사회학회, 2005.

무시와 관용

　2020년 11월 항소심에서 병역거부 관련 무죄를 선고받은 정시우의 재판에서도 동성애자를 색출해서 처벌하는 등 획일적인 남성성을 요구하는 군사문화에 대한 문제의식이 병역거부의 '정당한 사유'에 포함되는지 여부가 쟁점이 되었다. 정시우는 여호와의증인 신도가 아닌 병역거부자로서 처음으로 무죄를 확정받았다. 그는 퀴어 페미니스트이자 성공회 신도로서 성적 차별과 폭력이 만연한 군대를 거부하고 평화와 사랑을 강조하는 기독교의 정신에 따라 살고자 병역을 거부한다고 진술했다.

　정시우가 밝힌 병역거부 사유는 종교적인 것의 모호한 경계를 건드린다. 앞서 보았듯 대법원 판례에 따르면 종교적 신념에 따른 양심적 병역거부 주장의 경우 종교의 교리가 양심적 병역거부를 명하고 있는지, 실제로 그 신도들이 양심을 이유로 병역을 거부하고 있는지 등을 살펴야 한다. 그러나 성공회가 병역을 반드시 거부하라는 교리를 채택하고 있지 않은 이상 그 신도에게 교리가 있냐고 묻는 건 의미가 없는 일이다. 병역거부 교리 유무는 여호와의증인 신도들이 병역을 거부한 사건에서 신도들의 양심을 지지하는 증거가 될 수 있지만, 병역거부를 교리에 명시하지 않은 종교의 신도들의 양심을 부정할 근거는 되지 않기 때문이다. 그럼에도 불구하고 병역거부 교리가 있느냐는 질문은 여호와의증인 신도에게만 병역을 거부할 권리가 있다는 논리로 이어지곤 한다. 또한 종교적 신념뿐 아니라 '퀴어 페미니즘'을 병역거부 사유로 진술한 만큼 '퀴어 페미니즘'이 '정당한 사유'에 포함되는지 여부, 즉 삶의 전반적인 측면에서 얼마나 발현되었고 어떠한 위치를 차지하는지 등을 살피기 위한 판단 방법을 새로 마련할 필요가 있었다.[17]

실제로 이 재판에서도 검찰 측은 정시우가 여호와의증인 신도가 아니라는 사실을 문제로 지적했다. 또한 획일적인 남성성을 요구하는 군사문화에 대한 문제의식도 병역거부의 '정당한 사유'가 될 수 없다고 주장했다. 항소심 담당 검사는 '사회에서 요구하는 남성성이 병역거부에 영향을 미쳤느냐'고 질의했는데, 질문이 의도한 바는 나중에 검찰이 제출한 상고이유서에서 명확하게 나타난다.[18] 검찰은 2018년 대법원 판례가 "심사 기준으로는 종교 활동과 관련된 것만을 제기"한다며

---

17 의정부지방법원 2020. 11. 26. 선고 2018노818 판결.

18 2018노818 피고인신문(검사).

"어느 경우에 윤리적 동기 등에 기한 양심적 병역거부가 인정될 수 있는지" 명시되어 있지 않다고 지적했다. 그러면서 군사문화에 대한 문제의식은 "편향되고 그릇된 가치관에 기해 형성된 신념"이기에 병역거부의 정당한 사유가 될 수 없다고 비판했다.[19]

2021년 6월 대법원은 검찰의 상고를 기각했다. 대법원은 양심적 병역거부의 '정당한 사유'에 병역거부 교리를 명시하지 않은 기독교의 신앙과 비종교적 사상도 포함된다는 점을 명확히 했다. 2018년 대법원 판결이 양심적 병역거부의 정당한 사유에 세속적인 동기도 포함시켰던 판례를 재확인하며 더욱 구체화한 것이다. 이 판결은 양심적 병역거부권이 특정 종교의 신도들에게만 예외적으로 시혜를 베푼 협소한 권리가 아니라 시민들의 보편적인 권리임을 인정했기에 의미가 크다.

그럼에도 성적 지향에 따라 형성한 신념은 재판 과정 내내 무시되었다. 군대문화에 대한 비판은 사사롭고 비합리적인 것으로 치부되어 무시되고 나서야 관용할 대상으로 인정될 수 있었다. 항소심 재판부는 판결문에서 피고인의 양심적 병역거부를 '정당한 사유'에 의한 것이라고 인정하면서도 군대가 획일적인 남성성

---

19 2018노818 판결에 대한 상고이유서(검사).

을 요구하는 군사문화를 확산시킨다는 문제의식이 "국군에 대한 편향적인 인식에 기인한 것"이라며 비판을 덧붙였다. 재판부는 "군인의 지위 및 복무에 관한 기본법 제5조에 의하면, 국군은 국민의 군대로서 국가를 방위하고 자유민주주의를 수호하며 조국의 통일에 이바지함을 그 이념으로 삼고 있고, 대한민국의 자유와 독립을 보전하고 국토를 방위하며 국민의 생명과 재산을 보호하고 나아가 국제평화의 유지에 이바지할 것을 그 사명으로 삼고 있다."라면서 이렇게 지적했다. "피고인이 지적하는 국군의 과거 행적과 군대 내부의 부조리 등이 존재하지 않는다고 부정할 수는 없지만, 국군이 자유민주주의의 기치하에 국민주권을 압제로부터 수호함으로써 국민 스스로가 피고인이 염원하는 정의롭고 평화적인 사회를 꾸려나갈 자유와 기회의 현실적인 토대를 마련하고 있음 또한 부정할 수 없다." 따라서 재판부의 결론은 명확했다. "국군이 전쟁과 폭력, 군사주의 문화 확산의 원인이라고 판단하는 피고인의 인식은 편향적이라고 하지 않을 수 없다."[20]

　재판부는 병역거부 사유에서 '정당한 사유'는 양심의 타당성이 아니라 진지함을 기준으로 판단해야 하기

20　2018노818 판결.

때문에 피고인의 '편향성'이 무죄 선고에 방해가 되지 않는다고 판단했다. 하지만 재판부 스스로가 판단 범위에 포함되지 않는다고 밝힌 문제에 관해 판결문에 판단을 덧붙인 것은 모순적인 사족이다. 양심적 병역거부자가 가졌던 문제의식은 재판부의 사족을 통해 공적으로 다룰 가치가 없는 비합리적인 것으로 무시된 후에야 관용될 수 있었던 것이다. 재판부의 사족은 검찰이 항소심에 불복해서 대법원에 상고하면서 획일적인 남성성을 요구하는 군사문화에 대한 문제의식이 '편향되고 그릇된 가치관'이라고 비난하고 이에 따라 유죄를 선고해야 한다고 주장할 수 있게 했다.

의심 속에
벌린 틈

정시우에 대한 항소심 판결은 오수환의 대체역 편입심사에 직접적인 영향을 끼쳤다. 오수환은 2018년 4월 병무청에 '평화주의 신념 및 성적 지향'의 사유로 병역을 거부한다고 밝혔고, 병무청은 그를 병역법 위반으로 고발했다. 다만 2018년 6월 헌법재판소가 입법부에 대체복무제 도입을 요구하며 헌법불합치 결정을 내

렸고 이에 따라 2020년 6월 대체역심사위원회가 출범했기에 오수환은 2020년 7월 대체역 편입신청서를 대체역심사위원회에 접수했다. 오수환에 대한 대체역 편입심사에서도 신청인의 병역거부 사유가 오로지 평화주의적 신념에 의한 것인지, 아니면 성적 지향을 포함하는지 여부가 쟁점이었다.

오수환의 신념이 성적 지향에 따라 형성된 것이냐는 질문은 대체역 편입심사에 앞서 진행된 검찰조사 과정에서도 집요하게 나왔다. 조사를 맡은 검사는 오수환이 '집총 등 폭력 일체에 대한 거부'를 하고 있는지 아니면 '권위적이고 폭력적인 군대문화와 동성애를 범죄로 처벌하는 군형법에 대한 반대'를 하고 있는지 질의했다.[21] 검찰의 질의가 의도한 바는 앞서 정시우의 재판에서처럼 1심 무죄판결에 대해 검찰이 제출한 항소이유서에서 분명하게 드러난다. 검찰은 피고인에 대한 무죄판결에 불복하는 이유 중 하나로 "병역거부의 주된 사유는 '집단주의 문화와 동성애 처벌에 대한 반대'로 보이는 점"을 들었다.[22]

---

21 서울중앙지방법원 2021. 5. 21. 선고 2020고단6224 피고인 검찰진술서.

22 2020고단6224 판결에 대한 항소이유서(검사).

오수환의 병역거부에 대한 1심 선고는 대체역심사위원회가 대체역 편입신청에 대해 인용 결정을 내린 뒤에 이루어졌다. 대체역 심사 과정에서 정시우의 항소심 무죄판결은 성적 지향에 따라 형성한 신념 또한 양심적 병역거부의 '정당한 사유'로 인정할 근거를 제공했다.[23] 또한 대체역심사위원회는 대체역제도가 특정 종교에 대한 특혜가 되어선 안 된다는 원칙에 따라 신청인이 여호와의증인 신도가 아니라는 사실을 문제 삼지 않으려 노력했다.[24] 그럼에도 불구하고 일부 심사위원들은 "신청인의 병역거부가 성적 지향으로 인한 병역거부라는 의심이 들기에 충분한 내용이 있는데, 성적 지향으로 인한 병역거부는 양심적 병역거부로 볼 수 없다."라며 기각 의견을 제출했다.[25] 하지만 성적 지향에 의해 형성된 신념이 양심적 병역거부의 '정당한 사유'로 인정될 수 없다는 주장에 대한 근거는 제시되지 않았다. 성적 지향에 관한 관심은 어디까지나 병역거부의 정당성을 훼손하기 위한 것에 불과했다.

---

23 대체역심사위원회 사무국은 심사에 앞서 작성한 사실조사보고서에 '개인 신념 병역거부자 2심 무죄판결문 사본'이라고 하여 정시우의 2심 판결문을 첨부했다.

24 대체역심사위원회, 같은 글, 50~53쪽.

25 대체역심사위원회, 같은 글, 99쪽.

한편, 2021년 9월 대체역심사위원회는 자신의 소수적 성적 지향이 평화주의 신념을 형성하는 데 영향을 주었다고 처음으로 진술한 신청인에 대한 심사를 진행했다. 장길완은 대체역심사위원회에 제출한 본인 진술서에서 "성적 소수자로 살아온 삶의 경로에서 폭력에 거부하는 평화주의 태도가 자연스럽게 스며들게 되었다."라며 "성소수자를 향한 일상화된 모욕을 직접 경험하고 들으며 폭력과 차별이 언제나 소수자와 약자를 향해 행사된다는 것을 예민하게 인식하게 되었고, 자연스럽게 평화주의를 고민하게 되었다."라고 밝혔다. 그는 군대에 가게 되면 평화와 안전을 지킨다는 명목 하에 폭력에 동참하게 되며 그것은 소수자와 약자에게 가해지는 차별과 폭력에 반대하며 인간의 존엄성을 지키는 사회를 만들고자 하는 자신의 양심에 반하는 일이라고 진술했다.

장길완의 대체역 편입신청에 대한 심사 과정에서도 일부 심사위원들이 '성별 정체성이나 성적 지향하고 도대체 무슨 관련이 있느냐', '군대에서 성소수자에 대해 특별히 차별을 하는 것도 아니고 그러한 차별은 군대의 본질과 상관이 없다'는 식의 질문을 던지기도 했다. 또한 심사 결과 '성적 지향은 대체역 편입 사유가 아니'라는 기각 의견이 이전과 마찬가지로 별다른 근거 없이 제출되기도 했다. 그러나 대다수의 심사위원들은 성적 지향에 따라 형성된 신념이 대체역 편입 사유로 전혀 문제가 되지 않는다고 판단했고 이에 따라 대체역심사위원회의 심사결정서에도 장길완의 병역거부가 성적 지향에 따른 신념에 의한 것이라는 사실을 언급하는 내용이 포함되었다. 장길완의 대체역 편입 인용결정은 정시우에 대한 대법원의 판례와 함께 병역거부 재판과 심사에서 성적 지향이 병역거부의 신념을 형성하는 '정당한 사유'로 인정될 수 있음을 보여주는 선례가 되었다.

4 읽어-버리기
너머의
자리

한국에서 양심적 병역거부권은 법적 권리로 등록되기 위해서 읽을 수 있는 대상으로 가공되었다. 우선, 양심적 병역거부의 '양심'이 심사 가능한 대상으로 번역될 수 있어야 했다. 사법부는 양심을 국방과 경중을 다룰 수 있는 가치로 분리한 뒤에 병역거부의 양심이 '종교적·윤리적·도덕적·철학적 또는 이와 유사한 동기에서 형성'될 수 있다고 정의했다. 정의만 보자면 사실상 어떠한 동기를 통해서라도 형성된 양심은 법적으로 인정을 받을 수 있었다. 하지만 대법원이 양심적 병역거부에 대해 처음으로 무죄판결을 확정했을 때 피고인이 모두 여호와의증인 신도였다는 점이 첫 단추를 잘못 끼우게 만들었다. 병역거부자들은 집총이나 군사훈련을 할 수 없는 자들이라고 부연하고, 병역거부자의 양심을 심사하는 방법으로 교리의 유무나 신도들의 병역거부 전통 등을 제시하여 병역거부가 소수 종교의 문화적 관행이라는 고정관념을 강화시켰다.

　법이 인정하는 병역거부의 양심이 사적이고 종교 적인 것으로 국한되다 보니 성적 지향에 따라 형성한 신념으로 병역을 거부하는 행위는 배제되기 쉬운 위치 로 밀려났다. 여기에는 성소수자에게 성적인 취향과 소 비가 존재 그 자체인 듯이 보는 성적 지향을 사사화하 는 편견이 작용했다. 병역거부를 오로지 소수 종교의 문화적 관행으로 읽는 사람에게는 성적 지향은 완전히 다른 범주의 사안이었다. 사적인 것은 서로 통약이 불 가능하다고 보는 자유주의 공사 구분에 익숙하다면 자 연스러운 분류일지도 모른다. 마치 이름표에 따라 읽 고서 각자 다른 자루에 버리는 작업처럼 말이다. "성적 지향으로 인한 병역거부는 양심적 병역거부로 볼 수 없다."라는 주장은 성적 지향을 이처럼 읽어-버린 결 과물이었다.

　다만 양심적 병역거부권이 자유권의 차원에서만 논의되었기에 성적 지향에 따른 신념도 관용의 대상에 포함될 수 있었다. 양심적 병역거부권이 제도화되는 과 정에서 '양심의 자유'에 대한 관점과 양심적 병역거부 인정 범위가 주된 논점으로 부각된 반면에 젠더와 섹 슈얼리티에 대한 통제와 관리는 그리 주목받지 않았다. 앞서 군대에서 동성 간 성행위를 처벌하거나 성소수자의 성적 지향을 정신병리화하고자 적극적으로 나섰던 것과 달리 병역거부 재판과 심사에서 젠더와 섹슈얼리티에 대한 관점은 국가기관마다 상이한 양상을 보였다. 병역정책과 관련해서 국가권력이 젠더와 섹슈얼리티를 일관된 입장에서 통제하는 것이 아니었기에 성적 지향에 따른 신념을 내세워 병역을 거부한 당사자들이 운신할 수 있는 틈이 생겼다.

관용의
배신

양심적 병역거부에 대한 재판과 심사는 병역거부자의 신념이 성적 지향에 의해 형성되었는지 아닌지에 관해 더 이상 관심을 두지 않는다. 당사자가 병역을 거부할 의사를 확실하게 밝히고 특별히 법을 어기거나 폭력적으로 보일 언동을 하지 않았다면 대체복무를 하도록 용인하는 편이다. "성적 지향으로 인한 병역거부는 양심적 병역거부로 볼 수 없다."라는 주장은 수년간 재판과 심사를 받으며 학업을 중단하고, 월세를 아끼기 위해 부모님 집으로 내려가고, 근근이 아르바이트로 연명하면서도 신념을 포기하지 않았던 병역거부자들을

가로막지 못했다.[26]

　　그러나 관용은 병역거부자들이 그토록 애써 견뎌가며 던지고자 했던 문제의식을 지워버린다는 점에서 당사자들을 배신한다. 획일적인 남성성을 강요하는 군대문화를 비판하고자 병역을 거부한다고 주장하면 그러한 신념은 편향적인 것이라며 무시하고, 소수자와 약자에게 가해지는 차별과 폭력을 거부한다고 주장하면 그러한 신념은 폭력적인 행적과 관계가 없으니 문제 삼지 않는다는 식으로만 신념을 용인한다. 앞서 성적 지향을 집요하게 문제 삼던 심문이 당사자를 성적인 존재로만 환원했다면 관용은 성적 지향을 아무 의미가 없는 것으로 만든다.

　　평화활동가 안드레아스 스펙은 독일에서 양심적 병역거부 심사가 사라진 것이 오히려 병역거부운동에 해가 되었다고 회고하며 관용의 위험을 상기시킨다. 심사 자리 안팎에서 군대의 존재와 역할에 대한 비판이 오가기도 했는데 병역거부 '자유화'가 오히려 그러한 논의를 앗아 갔다는 것이다.[27] 물론 양심에 대한 심사

26　오수환, 〈정체하다 못해 퇴보하는 것 같은 나는〉, 전쟁없는세상 블로그, 2019. 10. 10., http://www.withoutwar.org/?p=15630

27　안드레아스 스펙, 〈민간 대체복무: 독일의 교훈으로 본 탈정치화의 위험〉, 전쟁저항자인터내셔널 지음, 여지우·최정민 옮김, 《병역거부:

가 그 자체로 군대의 존재와 역할에 대해 질문을 던질 수 있는 자리는 아니었을 것이다. 병역거부권에 관해서 '모범사례'라 불리는 독일에서도 병역거부자에 대한 심사는 부적절한 질문과 부당한 기각 결정이 난무하여 병역에 대한 문제의식을 고조시킬 뿐이었다.[28] 심사 폐지를 통한 병역거부 '자유화'는 권력이 관용을 활용하여 이러한 비판을 어떻게 피해갈 수 있는지 보여준다.

그렇다면 관용의 위험에서 벗어나기 위해서라도 권력이 읽어내는 방식과 달리 읽도록 요구할 필요가 있다. 정시우에 대해 무죄를 선고했던 판결문이 정시우의 문제의식을 두고 편향적인 인식에 따른 것이라며 비판했던 내용을 다시금 살펴보자. 재판부는 '군인의 지위 및 복무에 관한 기본법'이 정의하고 있는 국군의 사명을 근거로 이렇게 비판했다. "피고인이 지적하는 국군의 과거 행적과 군대 내부의 부조리 등이 존재하지 않는다고 부정할 수는 없지만, 국군이 자유민주주의의 기치하에 국민주권을 압제로부터 수호함으로써 국민 스스로가 피고인이 염원하는 정의롭고 평화적인

<hr />

변화를 위한 안내서》, 경계, 2018, 199~201쪽.

28 문수현, 〈나치 이후의 '개인'의 자리〉, 《독일연구》 45, 한국독일사학회, 2020.

사회를 꾸려나갈 자유와 기회의 현실적인 토대를 마련하고 있음 또한 부정할 수 없다." 군대가 요구하는 획일적인 남성성에 대한 정시우의 문제의식이 이 판결문에서는 군대 내부의 부조리에 관한 것으로 뒤바뀌었다. 재판부의 말은 정시우가 병역을 거부하며 전하려던 말에 대한 것이 전혀 아니다.

　그래서일까. 2021년 2월 대법원은 '폭력을 내면화하는 군대에 비폭력 수단으로 저항하겠다'던 홍정훈에 대해서 유죄를 확정했다. '권위주의적 군대문화에 대한 반감'에 기초한 병역거부는 양심적 병역거부로 인정할 수 없다는 취지였다. 군대가 폭력을 내면화한다는 문제의식은 앞서 정시우가 획일적인 남성성을 강요하는 군대문화를 비판했던 것과 서로 통한다. 그럼에도 대법원은 홍정훈의 병역거부에 대해서는 관용하지 않았다.

　이처럼 관용이 자의적으로 적용될 수 있는 건 병역거부자의 말을 진지하게 고려하지 않고 읽어-버리기 때문은 아닐까. 군대의 구조를 여러 측면에서 비판하더라도 법은 그저 병역거부 당사자들이 학창시절을 거쳐 지금까지 살아오면서 '바른 생활'을 했는지에만 관심을 가질 뿐이다.[29] 폭력에 대한 해석을 독점하고서 한 사람의 행적 속에서 나타나는 갈등이나 일탈만을 문제삼기에 자의적인 관용이 가능한 것이다.

관용 너머 함께
고민하는
자리

영화 〈알리가르〉는 "2013년 인도 대법원은 형법 377조가 합헌이라고 판결했고 동성애는 다시 불법이 되었다."라는 자막으로 끝을 맺는다. 인도 대법원은 헌법이 보장하는 생명과 신체의 자유에 '자연섭리를 거스르는 성행위'가 포함되지 않는다고 주장했다. 동성애가 설사 부적절하더라도 사생활이기에 용인해야 한다던 하급심 판결은 쉽게 뒤집힐 수 있었다. 법의 관용은 자의적인 적용 앞에 취약하다.

그래서 군대의 섹슈얼리티 통제와 관리에 대해 비판과 반성을 포함해서 폭력에 관해 함께 물을 수 있는 장을 여는 것은 시급한 숙제다. 사상 검증의 함정에서 벗어나면서도 '게이니까 그렇겠지'라며 한 사람의 자아를 성적 정체성에 가두어 쉽게 읽어-버리는 관용으로 귀결되지 않는 공론장은 어떻게 열 수 있을까.

오수환은 자신의 병역거부에 대한 심사와 재판이 모두 끝나자 언론 인터뷰를 통해 병역거부를 고민하

29　http://www.newsm.com/news/articleView.html?idxno=23352

는 사람들에게 함께 고민하기를 당부했다. 병역에 대한 고민은 혼자 감당해야 하는 문제이지만 혼자의 책임은 아니기 때문이다. 그가 인터뷰에서 덧붙인 말은 병역거부에 관해 머뭇거리며 주저하고 고민하는 사람들이 서로의 문제의식을 나누기 위해서 둘러앉기를 요청한다. "병역거부는 외로운 과정이지만, 결과에 상관없이 소중한 경험이다. 삶의 방향성을 현재진행형으로 모색하는 과정이다. 저 같은 경우 성적 정체성이 병역거부에 직간접적으로 미쳤을 영향에 대해 고민하고 있다. 병역거부는 제 삶을 풍요롭게 해주었다. 병역거부를 고민한다면 고민이야 얼마든지 적극적으로 해도 되지 않을까."[30]

함께 고민하는 자리, 병역에 대한 말 그리고 침묵과 머뭇거림에 귀를 기울이며 폭력과 사회에 대한 바람을 나누는 자리가 점차 많아질 때 병역거부의 문제의식도 진지하게 다루어질 수 있다. 양심적 병역거부자와 성소수자라는 짧은 이름표로 읽어–버린 말들에 다시금 생기를 불어넣는 자리들이 여전히 필요하다.

---

[30]   강석영, 〈대체복무 1년, '진짜 양심' 찾는 사회서 살아남기〉, 민중의소리, 2021. 5. 16.

나라 지키러 군대 간
내 아들을
보호하라

:

군형법 추행죄의 위태로운
존속과 강제적 이성애

휴지인

'동성애 처벌법'이라는
명명

"군에 아들을 보내야 하는 어머니들은 이렇게 외칩니다. '나라 지키러 군대 간 내 아들, 동성애자 되고 AIDS 걸려 돌아오나! 군대 내 동성애 허용하면 내 아들 군대 절대 안 보낸다.' 군대 내의 동성애 허용은 부모들이 군대에 아들을 보내지 않는 시민불복종운동을 야기할 수도 있고 사회적으로도 큰 혼란과 갈등을 초래하게 될 것입니다."

군형법 추행죄에 대한 위헌 소송이 진행되고 있던 2010년 10월, 동성애차별금지반대 국민연합이 헌법재판소에 제출한 의견서의 일부다. '군대 간 내 아들'을 보호하기 위해 '동성애 처벌법'이 필요하다는 주장으로, 부모 됨에 호소하는 이러한 서사는 지금까지도 지속되고 있다. '동성애 처벌법'은 현행 군형법 제92조의 6(추행)을 가리킨다. 1962년 군형법 제정 당시 "계간 기타 추행을 한 자는 1년 이하의 징역에 처한다."로 시작된 이 조항은 이후 수회에 걸친 법률 개정을 거쳐 "대한민국 군인 또는 준군인에 대해 항문성교나 그 밖의 추행을 한 사람은 2년 이하의 징역에 처한다."에 이르렀다. 그 어디에도 행위 주체와 객체의 성적 지향을 제한하는 어휘는 존재하지 않지만, 2017년 육군 중앙수사단이 게이 군인들을 '색출'했던 사례가 보여주듯 실질적, 상징적으로 '동성애 처벌법'으로 작동해왔다. 이것이 가능할 수 있었던 데에는 '항문성교나 그 밖의 추행'의 의미는 물론, 그 행위의 장소적 혹은 시간적 범위, 당사자의 동의나 폭행, 협박 여부 등 해당 조항이 가진 불명확성에 있다. 2001년을 시작으로 이를 문제삼는 위헌 소송이 반복되어왔고, 그 과정에서 동성애자의 성적 자기결정권과 평등권을 보장하라는 요구도 부상했다. 그리고 지난 2023년 10월, 또다시 군형법 추행죄에 대한 합헌 결정이 있었다.

군형법 추행죄를 둘러싼 논란이 20여 년을 넘어선 상황에서, 그동안 반복된 법적 다툼이 남긴 것, 그것을 통해 한국 사회에서 문제화된 것이 무엇인지를 묻게 된다. 일찍이 시인 에이드리언 리치는 이성애를 자연스러운 것으로 받아들이게 만드는 과정은 동성애 혐오뿐만 아니라 성매매, 성폭력, 이성애 로맨스나 남성 성욕에 대한 통념 등 남성의 여성에 대한 성적 지배에 기초해 있다고 주장하며 '강제적 이성애'¹라는 개념을 제시했다. 한편으로는 여성들을 성적 대상으로 삼고, 다른 한편으로는 남성들 사이의 에로틱한 욕망을 억압함으로써 남성 동성 사회가 유지될 수 있다는 주장이다. 그러한 관점에서 볼 때, '동성애 처벌법'이라는 명명은 그것을 통해 구축되는 젠더 질서가 동성애 혐오라는 좁은 의미의 이성애 중심성을 넘어 남성 지배의 구조로서 갖는 성격을 드러내기에는 부족하다. 또한 대한민국 군형법이 '동성애 처벌법'이라는 명명을 통해 그 존재가 알려져왔다고 해도 과언이 아닐 정도로 동성애를 둘러싼 논란의 중심에 군대가 있었지만, 하필 군대가 동성애 규율의 공간이 되면서 만들어낸 효과 역시 드러나지 않는다. 이 글은 지난 20여 년의 군형법 추행죄를 둘러싼 논란의 변화 과정을 돌아보고, 그 존속이 갖

1   Adrienne Rich, 〈Compulsory Heterosexuality and Lesbian Existence〉, 《Signs: Journal of Women in Culture and Society》 5(4), 1980, pp. 631 – 660.

는 의미를 동성애자의 시민권보다는 젠더의 남성중심
성 측면에서 짚어보고자 한다.

행위의 처벌과 존재의
호명 사이

　　군형법 추행죄의 역사가 오늘날과 같이 동성애
자라는 정체성을 가진 집단의 성적 실천과 욕망을 규율
하는 것으로 받아들여진 역사와 같다고 보기는 어렵다.
군형법의 모태로 평가되는, 미군정기 제정된 조선국방
경비법에는 '기타 각종의 범죄'라는 제하에 '계간'이 열
거되어 있었다.[2] 계간은 미국의 통일군사법전에 존재하
던 소도미(sodomy)가 번역된 것으로,[3] 이것이 남성 동성
간 성행위 처벌 조항으로 작동해왔다는 것은 널리 알려
져 있다. 하지만 소도미는 1990년대 말까지도 미국 일

2　　제50조(기타 각종의 범죄) 여하한 군법 피적용자든지 자해, 방화,
　　　야도, 가택 침입, 강도, 절도, 횡령, 위증, 문서 위조, 계간, 중죄를 범할
　　　목적으로 행한 폭행, 위험 흉기, 기구 기타 물건으로 신체 상해의
　　　목적으로 행한 폭행 또는 신체 상해의 목적으로 행한 폭행 또는 사기
　　　혹은 공갈을 범하는 자는 군법회의의 판결에 의하여 처벌한다.

3　　짐 하우스만·정일화,《한국 대통령을 움직인 미군대위》, 한국문원,
　　　1995.

부 주에서 이성애 남성의 아내 강간을 처벌하는 데 적용될 정도로, 동성애에 국한되지 않는 여하한 성적 방종을 포괄했다. 오히려 소도미 조항을 위헌으로 선언했던 2003년 미국 연방대법원의 로런스 대 텍사스 사건이 계기가 되면서 현재와 같이 '동성애 처벌법'으로 이해되는 경향이 두드러지게 되었다는 평가도 등장한다.[4]

한국에서 동성애가 특정한 성적 행동이나 취향이라는 의미를 벗어나 자기 동일시라는 감각, 정체성이라는 관점에서 가시화되기 시작한 것은 1990년대 중반에 접어들면서부터라 할 수 있다. 대학가나 PC통신을 통해 커뮤니티가 형성되었고, 2000년대에는 '성적 지향'과 같은 국제 인권 사회의 언어들이 수입되었다. 이러한 환경 변화에 대응하여 국방부의 관련 제도들 역시 구축되기 시작했다. 1999년에는 '징병 신체검사 등 검사규칙'에 '성적 선호'를, 2000년에는 '군혈액관리규칙' 검진 문항에 '동성 간 성행위' 여부를, 2003년에는 '군인사법 시행규칙'에 '성적 선호장애'를 추가하여 동

---

4   Huffer, Lynne, 〈Queer Victory, Feminist defeat? Sodomy and Rape in Lawrence v. Texas〉, 《Feminist and Queer Legal Theory: Intimate Encounters, Uncomfortable Conversations》, ed. Martha Albertson Fineman · Jack E. Jackson · Adam P. Romero, VT: Ashgate Publishing Company, 2009, pp. 411 – 431.

성애를 병리화하고 게이를 군인으로서는 부적합한 자로 분류한 것이다. 그리고 바로 이 시기에 성적 지향을 이유로 한 첫 병역거부 사례가 등장했다.

게이 군인이 존재한다는 사실에 대한 인지는 이들을 성폭력 범죄자로 형상화하는 것으로 이어졌다. 게이 군인의 첫 병역거부가 있었던 2003년, 성폭력을 당한 한 사병이 자살에 이르자 국방부는 성범죄 관련 실태 조사 및 종합 대책안을 내놓았다. 장병들의 인성검사를 강화해서 성적 이상 성향자를 식별하겠다는 것으로, 이는 성폭력의 원인을 동성애로 지목한 것이었다. 게이 군인은 구체적 행위에 따른 처벌을 통해 비로소 범죄자로 인정되는 것(homo penalis)이 아니라 바로 그 속성으로 인해 언제든 범죄를 저지를 수 있는 특수한 종(homo criminalis)으로 여겨지기 시작했다.[5] 하지만 이러한 대책은 오히려 게이 군인을 성폭력 피해에 노출시키는 결과를 가져왔는데, 상담 중 자신의 성 정체성을 밝힌 사병이 이후 집단적 따돌림과 성희롱을 당한 2005년의 한 사례가 대표적이다. 이 사건은 성폭력이 성적 욕망이 아니라 동성애 혐오에 기반한 이성애, 남

5　　미셸 푸코 지음, 오트르망 외 옮김,《생명관리정치의 탄생》, 난장, 2012.

성중심적인 젠더 지배의 산물이라는 점을 단적으로 보여주지만, 성폭력을 성욕의 문제로 국한하고 게이를 잠재적 성범죄자로 바라보는 관점은 이후로도 지속되었다. 2006년, 국방부는 '병영 내 동성애자 관리지침'을 통해 병영 내 동성애자의 유입과 확산을 차단하고, 인성검사를 통해 동성애 성향이 확인되면 보호 및 관심병사로 집중 관리하는 것을 또다시 대책으로 내놓았다.

그렇다고 게이 군인에 대한 인권침해가 완전히 간과된 것도 아니었다. 2001년 군형법 추행죄에 대한 헌법 소원이 처음 제기되었을 때, 헌법재판소는 성적 지향과 프라이버시권 침해 등 동성 간 성행위를 형사 처벌하는 것이 동성애자의 인권을 침해하는 것이 될 수 있음을 선언한 바 있다. 물론 군형법이 처벌의 대상으로 삼는 것은 존재 자체가 아니라 행위라는 이유로 합헌 결정을 내렸지만 말이다. 2004년에는 당시 군형법 추행죄의 '계간'이라는 모호한 어휘가 동성애를 비하하는 표현이라는 지적과 함께 '위계 또는 위력'이라는 구체적 행위 수단을 명시하는 것, 즉 성폭력을 처벌하기 위한 조항으로 변경하려는 개정안이 국회에 발의되기도 했다. 또한 성적 지향에 대한 정보 유출, 강제 채혈, 부적절한 성관계 자료 요구 등 게이 군인의 사생활 침해와 관련된 쟁점들에 대한 문제 제기, 동성애자 전·

의경의 병역거부와 커밍아웃이 잇따르면서, 2009년 국방부는 국가인권위원회의 권고를 받아들여 동성애자 병사의 인권 보장, 성적 지향에 대한 조사 및 공개 금지 등을 포함하여 '부대관리훈령'을 개정했다. 이렇듯 게이 군인은 군대에서 완전히 비가시화되어야 하는 존재라기보다는 필요시 호명되어야 하는 잠재적 성범죄자인 동시에, 적절히 관리되어야 하는 차별받는 성소수자라는 모호한 존재가 되었다.

게이 군인의 존재가 '그들만의' 이슈가 아니라 사회적 의제로 확장된 것은 2008년 군형법 추행죄에 대한 위헌 제청이 이루어지면서부터다. 이것은 2007년, 군법무관들이 해당 조항의 문제를 공론화하고 군사법원이 직접 위헌법률심판을 제청하며 시작되었다. 그리고 소송 진행이 차별금지법 제정을 위한 논의가 급물살을 타던 때와 맞물리면서 성소수자 인권 운동의 확장에 대한 반발도 두드러졌다. 라이트코리아, 대한민국 고엽제 전우회, 대한민국 어버이 연합 등은 "군 기강 무너지고 에이즈 확산되면 김정일만 좋아한다.", "동성애 허용하는 빨갱이 새끼들을 잡아야 한다."와 같은 피켓시위를 하기 시작했다. 이러한 구호는 소송 과정에서 의견서나 국방부 측 참고자료 형태로 제출되었다. 이에 저항하며 동성애자의 인권 보호 요청과 그들이 군 기강을 해하지 않는 "같은 시민"이라는 반박도 전개되었다.

3년간의 소송 끝에 결국 합헌 결정이 이루어졌고 군형법 추행죄는 존속할 수 있게 되었다. 그것이 시간적, 장소적, 공간적 범위나 행위의 대상조차 제한하지 않는 것은 군인인 이상 어떤 시공간에서도 동성애적이라 할 성적 실천과 결부되지 않은 존재가 될 것을 요구함을 의미했다. 국방부가 여러 지침을 통해 군대 내 동성애자의 존재를 성폭력의 잠재적 가해자 혹은 차별받는 소수자라는 형태로 인정하고 있던 상황과 겹쳐 보면 군대가 원하는 것은 동성애 없는 동성애자, 성적 욕망과 실천의 차이를 드러내지 않는 성적 주체였다.

헌법재판소는 '계간'이라는 특정한 행위와 게이라는 존재를 엄격히 구분하고 있다. 하지만 전우애, 형제애로 결합된 강력한 친밀성 혹은 정서적 교감과 성애적 사랑 사이의 경계, 나아가 남성 간 성행위 사이의 경계는 매우 모호하다. 동성 간 성행위와 동성애, 동성애자라는 정체성도 환원 불가능하지만 분리 가능한 것만도 아니다. 게이라는 범주에 자신을 동일시하는 존재와 그렇지 않은 존재들 사이에 본질적으로 완고한 차이나 경계가 있는 것으로 보기는 어렵다는 말이다. 또한 게이, 남성, 군인이라는 복수적 정체성은 적절히 통합되기도 하고 불화하기도 한다. 그럼에도 불구하고 특정한 성적 '행위'와 동성애자와 소수자라는 규범적 '존재'를 엄격히 구별하는 접근은 헌법재판소로 하여금 동성애 자에 대한 차별은 금지되지만 행위는 처벌 가능하다는 결정을 가능하게 했다. 당시 소송 과정에서 군형법 추 행죄의 존속 필요성을 주장하던 국방부장관의 소송대 리인은 아래의 내용이 포함된 참고자료를 제출했다.[6]

> "동성애나 동성결혼 등의 주제에 관한 논쟁에서 가장 어려운 점의 하나는 상대방이 '정체성'과 '행동'의 의 미를 뒤섞어버리거나 모호하게 만든다는 것이다. (중 략) 또 한 가지 차별과 관련하여 생각해보아야 할 것 은 차별이란 항상 불변하는 고유한 성질에 기초해왔 다는 것이다. 성별, 나이, 인종 등이 그 예다. (중략) 우 리는 그들의 용어인 게이나 게이의 권리를 사용할 게 아니라 동성애적 행동에 초점을 맞춰야 한다. 일단 게이성이라는 것이 있다고 전제하면 궁극적으로 이 전투에서 이길 수 없기 때문이다."

---

6 국방부장관 소송대리인, 〈크리스천 치의학협회, 가톨릭 의학협회, 텍사스 내과의사협회가 미연방대법원에 제출한 서면〉, 2010. 7. 23.

차별은 고정불변의 정체성에 적용되는 것, 동성애는 후천적인 것이라는 명제가 결합하여 동성애 처벌은 동성애자에 대한 차별이 될 수 없다는 주장이 도출되었다. 동성애가 그저 법 앞에 선재하는 고정적이고 자연적인 무엇이 아니라, 법을 둘러싼 언설들을 통해 만들어진 담론적 구성체라는 것을 보여준다. 각 명제가 참인지 여부와 별개로 동성애자의 권리 확장을 막기 위해 이러한 담론 전략을 펼쳐야 한다고 주장하는 것도 주목할 부분이다. 이러한 담론의 생산자들조차도 정체성과 행위 사이의 연속성과 불안정성을 인지하고 있었음을 보여주기 때문이다. 국방부 측 참고인으로 변론에 참여한 한 교수 역시 동성애자가 평등권 보호의 대상이 되지 않는 이유를 이와 같은 논리로 말했고, 헌법재판소는 이 주장들을 받아들여 결국 동성애자에 대한 차별은 헌법 제11조 제1항이 규정하는 '성별'에 따른 차별이 아니라고 판단했다. 이에 대해 군형법 추행죄의 위헌성을 주장한 청구인 측에서는 성적 지향이란 스스로 선택할 수 없는 것임을 강조하며 반박에 나섰다. 동성애를 왜곡된 성중독이나 습관, 교정의 대상, 성도덕이라는 사회 질서를 위반하는 것으로 바라보는 관점이 강력한 상황에서 취할 수밖에 없었던 논리이긴 하지만, 이러한 성적 지향에 대한 설명은 개인의 정체성을 마찬가지로 물화시킬 위험도 컸다.

정체성이 고정불변의 무엇으로서 여겨지는 한, 소수자들이 기대할 수 있는 것은 지배 질서를 해치지 않는 한에서의 관용[7]이고, 그 밖의 많은 사람들은 자신이 가질 수 있는 동성애성이라는 것을 생각조차 하지 못하게 된다. 이때 소수자성은 '그들만의 이슈'로 게토화된다. 또한 이렇게 '성별'을 본질주의적으로 이해하는 것은 동성애 혐오뿐만 아니라 남성중심적인 현행의 젠더 질서를 변화시켜나가는 데 있어 마찬가지 걸림돌이다. 주지하다시피 남성과 여성의 차이를 고정불변의 것, 생물학적 차이로 환원하는 것은 여성에 대한 남성의 지배를 지속시켜온 전제였다. 예컨대 여성이 남성에 비해 완력이 약하고, 출산과 성기 삽입이 이루어지는 몸을 갖고 있다는 사실은 군대를 포함한 노동 조직이 여성들의 다양한 역량을 가치 절하하는 것을 정당화하고, 그들을 이상적인 군인 혹은 노동자로서 적합하지 않은 존재로 간주하는 관행들을 제도화시켰다. 생물학적 몸조차도 사회적, 역사적으로 구성된 젠더와 상호작용하는 것이지만, 생물학적 성별이 인간의 삶을 결정한

---

7   웬디 브라운 지음, 이승철 옮김,《관용: 다문화제국의 새로운 통치전략》, 갈무리, 2010.

다는 사고는 지속되었다. 헌법에서의 '성별'이 생물학적 성별뿐만 아니라 성적 지향, 성별 정체성을 포함하는 개념으로 해석되어야 한다는 반론, 즉 시스젠더, 이성애 중심적 젠더에 대한 문제 제기는 2012년 심판 청구부터 등장했지만, 이분법적인 섹스, 젠더, 섹슈얼리티 사이의 정합성과 그것이 고정불변이라는 '성별' 정체성에 대한 이해로 인해 현재까지도 받아들여지지 않고 있다.

'추행'을 둘러싼
담론의 지속과
변화

2001년 군형법 추행죄에 대한 첫 합헌 결정 이후 20여 년이 흘렀고, 그사이 한국 사회에는 젠더를 둘러싼 많은 움직임과 변화가 있었다. 동성애가 사람을 차별할 수 있는 정당한 사유가 된다는 인식은 약화되어 왔다. 한 조사에 따르면, 2002년부터 2019년 사이 한국의 동성애 수용도는 25%에서 44%로 증가했고, 18~29세의 젊은 층에서는 79%가 동성애가 사회적으로 수용되어야 한다고 응답했다.[8] 2010년대 들어서면서 소송 과정에서 쟁점이 된 법률상 하자도 법 개정을 통해 조금씩 보완되어갔다. 2013년에는 모호하고 동성애를 비하한다는 비판을 받은 '계간'을 '항문성교'로 변경하고, 외박 중 민간인과의 성행위까지 처벌 대상으로 삼을 이유가 없다는 주장을 반영하여 군형법 추행죄의 행위 대상을 민간을 제외한 군인 등으로 국한했다. 2022년에는 동성 군인 간의 성행위가 그 자체만으로 추행에 해당하는 것은 아니며, 사적 공간에서 자발적 의사 합치에 따라 이루어지고 군기를 직접적, 구체적으로 침해한 것이라 보기 어려울 때는 적용되지 않는다는 대법원의 해석 변경도 이루어졌다.

헌법재판소의 2011년, 2016년, 2023년의 결정[9]에

---

8   Jacob Poushter · Nicholas Kent, 〈The Global Divide on Homosexuality Persists〉, Pew Research Center, 2020. 6. 25., https://www.pewresearch.org/global/2020/06/25/global-divide-on-homosexuality-persists/

9   당사자의 위헌 소원과 법원의 위헌 제청 등은 2001년을 시작으로 2023년 10월 말까지 10회 이루어졌다. 그중 재판의 전제나 소송 요건 등 절차상 적법 요건에 대한 검토에서 종결된 사건들을 제외하고 실질적 요건, 즉 군형법 추행죄의 내용에 대한 검토가 적극적으로 이루어진 경우는 2011. 3. 31. 선고 2008헌가21(군형법 제92조 위헌 제청), 2016. 7. 28. 선고 2012헌바258(군형법 제92조의5 위헌 소원), 2023. 10. 26. 선고 2017헌가16(군형법 제92조의6 위헌 제청) 등 크게 3회라 할 수 있다.

서 나타난, 군형법 추행죄의 존속을 정당화하는 논거의 의미와 위상도 조금씩 변화했다. 2011년 소송 과정에서 제시된 논거는 AIDS 감염의 위험, 동성애 혐오를 가진 이들의 종교의 자유 보장, "올바른 가치관과 성적 개념을 온전히 갖추지 못한" 20대 초반의 남성들에게 왜곡된 성 관념을 갖게 방치할 수 없다는 점 등 다양했다. 당시 헌법재판소는 이 모든 논의를 결정서에 담지는 않았지만 '성도덕'의 문란과 이로 인한 군 기강 해이라는 이유를 들며 사실상 각 주장을 수용했다. 하지만 2023년 결정에서는 '성도덕'과 같이 모호하고 추상적인 사회적 가치를 보호해야 한다는 주장은 더 이상의 논거가 되지 않았고, 그 결과 군형법 추행죄의 존속 필요성은 성폭력과 징병제라는 두 가지 쟁점으로 압축되었다. 두 쟁점 역시 새로운 것은 아니지만 군형법 추행죄를 둘러싼 논의에서 차지하는 위상이 달라진 것이다. 이제 '나라 지키러 군대 간 내 아들'을 보호하라는 요구의 의미는 이 아들들을 성폭력 피해로부터 안전하게 해야 한다, '나라'를 위해 군 복무를 택한 만큼 그 희생에 대한 처우가 필요하다는 목소리로 좁혀진 셈이다. 그리고 군 구성원이 성폭력 피해로 인해 느낄 수치심과 혐오, 징병 상황에 대한 부담과 우려 등 감정의 언어들이 더욱 전면화되었다.

징병제와 성폭력은 소송이 진행되어온 지난 20여 년간 한국 사회에서 젠더를 둘러싸고 나타난 갈등과 변화에서 중심이 된 쟁점이기도 하다. 2000년대 중반 이후, 경제 위기와 고용 불안의 일상화 등 신자유주의 질서가 공고화되기 시작하면서 청년층 남성들은 취업, 연애, 결혼 등 헤게모니적 남성성을 더 이상 실천하기 어려워진 것에 대한 좌절과 분노를 여성에게 투사하기 시작했다. 온라인 공간을 중심으로 분출된 여성 혐오는 이제 성차별은 없으며 오히려 남성들이 역차별을 당하고 있다는 주장과 억울함의 정서로 나타났다. "여자도 군대 가라."라는 구호는 이를 단적으로 보여준다. 그렇게 여성 혐오가 분출되자 여성들은 여기에 전면적으로 문제를 제기하기 시작했다. 강남역 살인사건이 기폭제가 되어 #미투 운동, 혜화역 시위 등이 전개되었고, 여성을 동등한 시민이 아닌 성적 착취의 대상으로 삼는 조직 문화와 일상의 젠더 관계를 비판하면서 페미니즘 대중화라는 현상이 나타났다. 이와 함께 성폭력에 대한 정책과 법률 역시 확장되었다. 그렇다면 이 시기 전개된 군형법 추행죄를 둘러싼 논란에서 성폭력과 징병제는 과연 어떠한 방식으로 문제화되었을까?

남성중심적
섹슈얼리티 규범의
재/전유

2009년 법 개정을 통해 군형법 추행죄 조항은 '강간과 추행의 죄'라는 표제 아래 배치되었고, 성폭력으로 인해 부당하게 침해받지 않을 성적 자유를 보호하기 위한 목적으로 법의 해석과 적용이 이루어져야 한다는 점은 더욱 분명해졌다. 하지만 이후로도 '추행'은 개인의 성적 자유를 주된 보호법익으로 하는 성폭력에서의 '강제추행'과 다르다는 헌법재판소의 판단이 반복되었다. 성폭력을 더 넓게 인정하여 처벌해야 한다는 것이 그 이유다.

헌법재판소는, 군인은 상명하복의 수직적 위계질서 체계하에 있으므로 상급자가 하급자에게 직접적인 폭행을 행사하지 않더라도 하급자가 쉽게 저항하지 못하는, 원치 않는 성적 교섭 행위가 발생하기 쉽다는 것, 심지어 상급자와 하급자 사이가 아니라 하더라도 공동으로 임무를 수행하고 함께 생활해야 하는 군대의 특성상 일방의 요구를 거절하기 어려울 수 있다는 점을 들어 추행죄가 필요하다고 주장했다. 가해자와 피해자가 같은 공간에서 생활하면서 피해가 지속될 가능성,

그로 인한 피해자의 수치심과 고통도 강조했다. 실무상으로도 군형법 추행죄는 강간 및 강제추행은 물론 보호 및 감독을 받는 경우에만 적용되는 '성폭력범죄의 처벌 등에 관한 특례법'에 따른 업무상 위력 등 성폭력 처벌의 공백을 메우는 데 활용되기도 했다.[10] 이와 같이 폭행, 협박이나 위력에 대한 제한된 해석을 넘어서야 한다는 헌법재판소의 입장은, #미투 운동 이후 비동의강간죄 도입과 관련하여 그 판단 기준으로 논의되고 있는, 명시적 표현("No means No")을 넘어 적극적 동의("Yes means Yes")가 존재하지 않는 한 성폭력에 해당한다는 주장과 상통한다고 볼 여지도 있다. 하지만 여기에는 모순이 있다.

첫째, 이러한 논리는 피해자가 여성인 이성 사이의 성폭력에는 적용되지 않는다는 점이다. 헌법재판관 다수는 군대에서 이성 간 단체 생활은 빈번하지 않고, 이성 간 성폭력이 군대의 엄격한 명령체계나 위계질서를 해할 우려가 크지 않다며 '추행'의 적용 대상이 남성 동성 간 성폭력에 국한되는 것임을 분명히 했다. 추행이 이성 간 성행위를 포함하는 것인지 여전히 불분명하다

---

10   대법원 2008. 5. 29. 선고 2008도2222 판결(가혹행위·추행),
        헌법재판소 2011. 3. 31. 2008헌가21 중 반대 의견.

고 4명의 재판관이 문제를 제기했지만 이에 반대한 재판관이 더 많았다. 군형법 추행죄는 '군대 간 아들'을 보호하는 법이라는 것이 선언된 셈이다.

2013년 결정에서는 이성애 관계의 성폭력은 동성 간의 그것과 달리 가해자와 피해자의 갈등 해소와 사생활 비밀 존중, 남성과 여성 간의 '사적 자치'를 통해 해결되어야 할 문제라는 판단까지 설시된 바 있다. 당시 이러한 입장은 헌법재판소나 국방부에 그치지 않았다. 아래는 성폭력에 대한 친고죄 폐지가 쟁점이 되어 국방부가 군형법에 있어 관련 조항에 대한 개정안을 내놓았을 때, 국회 법제사법위원회 전문위원이 피해자인 여성의 사생활의 비밀 존중을 이유로 친고죄 폐지에 반대하며 내놓았던 주장이다.

> "최근 여군 비율이 확대되고 있고, 여군에 대한 성폭력은 보통 상명하복의 엄격한 위계질서를 이용하여 이루어지므로 일반 형법에 비해 처벌 규정을 강화하여 여군을 성범죄로부터 더욱 보호하고 군대 내 성폭력 문제를 근절하려는 이 개정안의 입법 취지는 긍정적이라고 하겠음. (중략) 성범죄에 대한 처벌 강화는 전투력 보전, 군 기강 확립 등에 기여하는 측면도 있는 것이 사실이나, 가해자와 피해자의 자율적인 갈등

해소와 사생활의 비밀을 존중하기 위해 국가의 개입을 자제하려는 친고죄의 목적에 비추어 비친고죄로의 전환이 반드시 득이 되는지에 대하여는 신중한 검토가 필요할 것으로 봄."[11]

결국 군형법에서도 친고죄 조항은 폐지되었지만, 군형법 추행죄의 존속 필요성의 논거인 군대의 위계적 조직문화, 그로 인한 적극적 동의의 어려움이 여성에게는 여전히 적용되지 않는 상황은 지속되었다. 2018년, 해군 함정에서 발생한 여군에 대한 남성의 성폭력에 대해 고등군사법원은 가해자 중 한 명을 제외하고는 강간은 물론 업무상 위력에 의한 추행 혐의조차 인정하지 않았다.[12] 군형법 추행죄를 둘러싸고 반복하여 소환된 '군대의 특수성', 즉 계급, 지위에 따른 상명하복의 위계가 업무 수행에서 일상적으로 작동하는 조직이라는 점은 동일했지만, 피해 여성이 함대에 처음 배치되어 업무를 익혀야 하는 하급자, 100여 명이 넘은 함대에서 유일한 여성, 성소수자라는 다중적인 위치에

---

11 2008헌가21 사건에 2009. 4. 제출된 법제사법위원회 전문위원 검토보고서.
12 고등군사법원 2018. 11. 19. 선고 2018노195 군인등강간치상, 군인등강제추행치상.

서 직속상관과 함대의 총괄 책임자에게 저항한다는 것이 힘들다는 것, 그래서 군 조직의 일원으로서 할 수 있는 저항은 고개를 돌리거나 몸을 비트는 것 이상이 될 수 없었다는 주장은 받아들여지지 않았다. 군대에서 상사의 성폭력과 2차 피해로 죽음을 택한 또 다른 여군의 사례는 군대 내 성범죄 사건의 수사 및 재판 관할을 민간으로 이관하는 것을 내용으로, 군사법원법이 60년 만에 개정되도록 만들 정도의 사회적 반향을 일으켰지만, 비동의강간죄 도입에 대한 논의는 군대 밖에서조차 여전히 공전하고 있다. 여군이 소수라 할지라도 그들의 성폭력 피해를 인정할지 여부는 군대문화를 성평등하게 구축하기 위한 노력을 하는지, 여군 역시 동등한 군인임을 인정하는지 여부와 직결되는 문제다.

2023년 헌법재판소는 #미투 운동 이후 한국 사회에 확장된, "성적 수치와 혐오의 감정"이라는 성폭력 피해의 치명성과 피해자의 수동성을 강조하는 언어들을 빌려, 남성 군인들이 그로 인해 정상적인 군 복무를 할 수 없는 지경에 이른다고 주장했다. 하지만 여성의 성적 피해를 군기와 배치되지 않는 것으로 일축하면서 이를 또다시 남성의 관점에서 전유했다.

헌법재판소가 제시한, 이성 간 성폭력 상황에 대한 아래의 주장 역시 남성의 관점에 바탕을 두고 있다.

"이성 간에는 서로 성적(性的) 대상이 될 수 있음을 스스로 인식하고 있고 국가와 사회도 이를 전제로 많은 규율을 하고 있다. 그러나 동성 간의 경우에는 그러한 인식이 별로 없는 것이 현실이고, 이는 군대 내에서도 마찬가지다."

성폭력 상황에서 여성이 상대 남성에게 성적 대상이 될 수 있음을 스스로 인식하고 있음을 전제하는 것은 피해 여성 역시 성적 관계를 원했다거나, 피해를 짐작하고 더 조심했어야 했다는, 전형적인 2차 피해의 레퍼토리를 만들어낸다. 그럼에도 불구하고 '서로' 성적 대상이 될 수 있음을 인식하고 있다는 주장은 성폭력과 로맨스 사이의 차이를 지운다.

또한 하필 동성 간 성폭력에 대해서만 처벌 강화가 필요하다는 주장에는 '군인=남성=성욕'이라는 전제도 작동했다. 2023년 헌법재판소의 결정문에는 이전처럼 "성적 욕구를 원활하게 해소할 방법이 없는 혈기 왕성한 젊은 남성 의무복무자들"이라는 표현은 등장하지 않았지만, 마찬가지로 군인은 언제든지 함께 생활하고 있는 동료 군인과 성적 행위를 할 수 있는 존재로 서술되어 있다. 이는 한편으로는 성폭력 가해자가 게이가 아니라 이성애자 남성일 수 있음을 인정하는 것이기도 하다. 비이성애적 주체라는 이유로 더욱 과잉 성애화되었지만, 게이 군인 역시 남성으로서 성욕 해소가 늘 필요한 존재로 상정되었다. 게이에 대한 낙인과 편견을 넘어 성폭력을 성욕 해소의 문제로 보거나, 남성의 성적 충동을 제어하기 힘든 본능으로 간주하는 관점을 통해 군형법 추행죄가 지속되고 있다.

'가혹한 부담'을 최소화해야 하는 징병제의 딜레마

2023년 헌법재판소의 결정에 이르는 과정에서는 위와 같이 군형법 추행죄가 그저 '동성애 처벌법'이 아니라 성폭력 피해자로서 남성과 여성을 달리 처우하는 젠더 관계의 모순이 드러났다. 그럼에도 불구하고 이러한 처우를 정당화하는 또 다른 강력한 논거가 있었는데, 그것은 바로 징병제다. 이전까지 등장했던, 군 복무로 인한 남성들의 스트레스와 억압을 이성애적 성욕 해소를 통해 풀어주지 못하게 되는 것에 대한 안타까움은 징병제로 인한 희생에 대한 안타까움으로 대체되었다.

헌법재판소는 징병이라는 희생을 감수한 남성들에게 동성애자와 함께 생활하도록 하는 것은 "병역 의무를 이유로 수인의 한계를 넘는 가혹한 부담을 지우는 것"이라 주장했다. 열악한 복무 여건 속에서 각종 사고 위험에 노출된 채 훈련을 받고 있는 군인들로 하여금, 성폭력의 대상이 될 수 있다는 우려까지 부담하게 하는 것은 군인 상호 간의 신뢰를 저하시키고 군 생활에 집중을 할 수 없게 만들어 군대 전체의 사기에 악영향을 미친다는 말이다. 즉, 국방의 의무와 열악한 복무 여건의 감수를 요구하는 남성만의 징병제는 여성과 달리 남성들을 성폭력 피해로부터 더 적극적으로 보호할 필요가 있다는 주장의 논거가 되었다. 이렇게 군인을 위무가 필요한 이성애 남성으로 전제하는 것은 여성, 트랜스젠더, 게이 등 다양한 군인들이 이미 존재한다는 사실, 즉 군인 내부의 차이를 은폐한다. 그렇게 이성애 남성의 얼굴을 한 군 복무자를 보편적 군인의 상으로 삼으면서 군 복무가 헤게모니적 남성성의 일환이 되고, 성평등을 위한 군대 조직의 변화를 위한 시도는 지연된다. 그러니 군대는 교도소, 병원과 같이 그저 남성들 간의 집단생활이 이루어지는 공간이 아니라 '진정한' 남성 됨을 표지하는 젠더 재생산의 공간이며, 이것이 하필 군대에서 동성애가 문제가 되는 이유다.

징집된 이들에 대한 충분한 위무와 보상에 대한 요구와 함께 징병을 기피하거나 완료하지 못한 이들에 대한 불이익이 필요하다는 주장도 등장했다. '억울한' 남성들의 감정을 위무하기 위해서는 그러한 제재들이 있어야 징집이 원활히 이루어질 수 있다는 점에서 둘은 같은 이야기로 읽힐 수 있지만, 헌법재판소는 그 위무조차도 병역 기피에 대한 우려 속에서 필요한 것으로 바라보고 있었다. 게이의 징집을 배제하거나 현행과 같은 군형법 추행죄를 통한 형사 처벌이 아니라 징계를 통해 전역 조치를 취할 경우, 많은 사람들이 스스로를 게이라 주장하며 손쉽게 병역 기피를 할 것이며, 징계를 통해 병역 의무가 면제되는 상황은 그들에게 더 '이익'이 될 것이라는 논의가 이어졌다. 여기에는 게이는 물론 많은 남성들이 징집을 부담으로 여기는 것에 대한 인정이 깔려 있다. 이러한 주장에 맞서 게이들 역시 기꺼이 군 복무를 수행할 수 있고, 남성에게 강제전역으로 인한 낙인은 취업을 비롯한 사회생활을 어렵게 하기에 징계가 결코 가벼운 수단이 아니라는 반박도 제기되었다. 군대를 가는 것도, 이로부터 배제되는 것도 모두 차별이 되는 딜레마를 보여주지만, 이러한 모순을 만들어내는 징집 방식의 타당성 문제, 병역법의 위헌성을 이 사건에서 함께 다툴 수는 없었다.

2000년대 중반 이래 군형법 추행죄를 둘러싼 논란 속에서, 사병들의 급여 조건이나 복무 여건이 열악하다는 것과 남북 대치라는 특유한 안보 현실에서 병역의무 이행을 도모할 방안이 필요하다는 주장은 꾸준히 제기되어왔다. 그래서 징집된 군인들, 더 정확히는 헤게모니적 남성성의 실천이 가능한 이들이 느끼는 여하한 불편 요인은 "군이라는 공동사회의 건전한 생활과 군기"까지 해할 수 있다는 주장으로 쉽게 미끄러질 수 있었다. 동성애가 국가 안보를 해한다는 주장처럼 말이다. 하지만 실제로 병사들이 느끼는 불편이 무엇인지, 이러한 주장이 누구의 관점에서 만들어진 것인지는 살펴볼 일이다. 많은 청년 남성들은 이보다는 전투훈련 과정에서 발생할 수 있는 안전과 생명의 위협에 대한 두려움, 자기계발을 위한 시간의 손실을 먼저 꼽고, 모병제의 도입을 요구하고 있기 때문이다.[13] 그런 측면에서 볼 때, 헌법재판소의 결정은 '군대 간 내 아들'을 걱정하는 부모의 관점일 뿐이다. 아들에 대한 보상과 위무에 앞서 왜 내 아들이 군대를 가야만 하는지에 대한 질문이 전면화되어야 하는 상황이다. 이전과 달리

---

13 조영주·문희영·김엘리, 《병역담론의 전환을 위한 기초 연구》, 한국여성정책연구원, 2019. 군 복무 당시 경험한 두려움과 걱정에 응답자 중 39%가 훈련 중 사고와 사망의 두려움, 3.2%가 전쟁 발발, 36.8%가 경쟁에서 뒤처지는 것을 꼽았다. 모병제에 대한 동의율은 80.1%였다.

2023년 헌법재판소의 결정문에서 특징적인 것은 징병에 있어 '형평성'이라는 어휘의 등장이다. 병역 기피에 대한 우려를 현역 복무자와 아닌 자 사이의 책임과 보상의 공정한 분배 문제로 다루는 언설은, 남성들이 군 복무에 대해 갖는 불만의 서사를 활용하고 재생산할 뿐이다.

'그들만의 이슈'를 넘어

군형법 추행죄의 존속을 떠받치는 담론은 남성 간 성폭력에 있어서는 가해자로서 게이를 호명하고, 이성 간 성폭력에 있어서는 피해자로서 여성에게 책임을 묻는다. 이를 통해 군대와 법의 보호를 받는 것은 이성애 남성의 성적 자유이며, 징병으로 인한 그들의 고통을 가중해서는 안 된다는 논리와 남성중심적 섹슈얼리티 규범이 그 모순을 은폐하고 있다. 또한 이를 통해 결국 지탱되는 것은 징병제다. 그러니 군형법 추행죄는 그저 '동성애 처벌법'이 아니라 '아들 보호법', '군 복무 보상법', '병역 기피 처벌법'이다. 지난 20여 년간 변화하지 않은 이러한 논리는 점차 군형법 추행죄를 둘러싼 담론의 중심부로 이동했다. 그리고 성폭력과 징병제의 문제는 젠더와 군사주의가 아니라 수치심, 고통, 불안이라는 개인화된 감정의 언어로 문제화되고 있다.

세상을 퀴어하게 본다는 것은 그저 소수자에 대한 차별과 폭력에 관심을 갖거나 권리 확대를 요구하는 것이 아니라, 세상과 지배 질서를 새롭게 보고 만들기 위한 움직임이다. 이를 위해서는 분절된 것으로 여겨지는 구조적 힘들에 대한 '잇기'가 필요하다.[14] 각자의 위치와 이해의 차이가 어떻게 구성되고 있는지, 바로 그 차이들을 가로질러 작동하는 힘을 더듬어가는 '횡단의 정치'는, 차이에도 불구하고 공통의 이해를 공유하고 좇는 것이 아니라 상이한 그것들이 서로 연결되는 방식을 파악하는 것이다. 이를 통해 비로소 변화시키고 도전해야 할 권력의 작동 방식을 더욱 선명히 포착할 수 있기 때문이다.[15] 여군을 포함한 여성들의 성폭력 피해와 트랜스젠더 군인의 자살을 목도하면서 느낀 분노, 여자도 군대 가라는 주장에 대한 피로감, 전쟁에 대한 두려움 등 각자의 위치에서 느낀 감정들을 잇는 작

14 Jagose, A., 〈Feminism's Queer Theory〉, 《Feminism and Psychology》 19(2), 2009, pp. 157-174; Duggan, L., 〈Queering the State〉, 《Social Text》 39, 1994, pp. 1-14.

15 니라 유발-데이비스 지음, 박혜란 옮김, 《젠더와 민족》, 그린비, 2012, 236쪽.

업은 군형법 추행죄를 '동성애 처벌법'뿐만 아니라 징병제와 성폭력과 같은 보편 의제로 만들 수 있다.

하지만 오늘날 군대와 성폭력을 둘러싼 다양한 위치와 경험은 '군대 간 내 아들'을 보호하라는 부모의 관점, 법률을 만들고 법 해석의 타당성을 결정할 수 있는 소수의 이들에 의해 생산된 언설로 제한되어 있다. '군대 간 내 아들'을 보호하라는, 군대를 이성애 가족화하는 이 말은 여성, 게이, 트랜스젠더 등 군인 내부의 차이는 물론, 정작 그 아들이 가지고 있는 병영 생활에 대한 두려움과 경쟁의 부담, 여성에 대한 질시를 은폐하고 있다. 그러나 군형법 추행죄의 존속은 위태롭다. 그것은 현행 젠더와 징병제의 모순을 통해 존속되고 있고, 그 모순은 게이뿐만 아니라 여성, 레즈비언, 트랜스젠더 등 다양한 이들의 경험을 통해 폭로되고 있기 때문이다. 징병제는 남성 차별이고, 여성도 군대를 가야 한다고 주장하면서도, 남자라면 국방의 의무를 수행해야 한다며 군 복무를 통해 헤게모니적 남성성을 인정받고자 하는 태도,[16] 자신들만의 희생은 억울하지만 그

---

[16] 조영주·문희영·김엘리, 같은 책. 20대 현역 제대자 1,117명을 대상으로 실시된 설문조사 결과로, 각 주장에 대한 동의 비율은 78.2%, 80.0%, 74.5%였다.

것이 가져다주는 지위는 뺏기지 않겠다는 태도 대신 바로 그 남성성을 통해 드러내지 못한 솔직한 두려움, 부끄러움, 불안의 연원을 더듬어가는 것이 이 과정의 출발이 될 수 있다.[17] 그러지 않는 한, 젠더와 징병제의 모순은 '군대 간 내 아들'을 보호하겠다는 부모들의 언설에 포획될 수밖에 없고, 그 아들의 안전도 달라질 리 만무하다.

17 벨 훅스 지음, 이경아 옮김,《모두를 위한 페미니즘》, 문학동네, 2017.

전쟁경험을 횡령당한
비국민-비인간존재들의
안부를 묻다
:

'네발의 전우'라는
레토릭

프롤로그:
방탄조끼를 입은 작은 개는
영웅이 되고 싶었을까?

전쟁이 시작되면 이런저런 동물이 출몰했거나 사라졌다는 보도가 전해진다. 러시아-우크라이나전쟁이 터지자, 함께 살던 이들과 미처 피난을 떠나지 못한 '반려동물'이 황폐해진 거리를 떠돌고, 동물원이나 수족관 속에 갇혀 있던 '전시동물'은 방치되어 굶어 죽거나, 재미로 사냥감이 되거나 암시장에 팔려 가고, 우크라이나 수도 키이우 근처의 야생곰보호구역의 곰들은 인접국 폴란드의 동물원으로 이송되었다는 소식이 들려온다. 애초에 식량으로 대량생산되던 '사육동물'은 언급조차 되지 않는다. 축산업에 사로잡힌 삶 자체가 지구전(持久戰)이었을 그들의 전쟁경험은 궁금해하는

이도 없고, 알려진 바 또한 없다.[1]

아프가니스탄에서는 2001년부터 20여 년간 벌어진 전쟁 때문에 철새들이 이동 루트를 바꿨다. 세계에서 중요한 철새 이동 경로 중 하나가 아프가니스탄 상공을 통과하는데, 오랜 기간에 걸친 미사일 공격에 노출된 이후 이 경로로 날아가는 새들의 숫자는 85%까지 떨어졌고, 멸종위기에 처한 시베리아흰두루미도 개체군 전체가 아프가니스탄과 파키스탄 전역에서 사라졌다고 한다.[2] 전쟁은 인간들이 초래했으나 막을 수 있었던 인위적인 재난이지만, 산과 숲, 바다와 강, 동식물 등 전쟁에 동의한 바 없는 비인간존재의 삶에도 막대한 영향을 미친다.

여러 동물 중에서도, 개는 오랜 세월 동안 전쟁을 수행하는 자리에 놓여 군사노동을 강요당해왔다. 인간과 비교할 수 없을 정도로 뛰어난 후각을 가진 개들의 특성은 지뢰에 포함된 폭발성 물질과 금속, 플라스틱을

---

1 이 글에서 반려동물, 사육동물, 전시동물 등의 구분은 오로지 인간의 필요에 의해 그어진 구분선이지, 동물 본연의 온전한 삶을 드러내는 범주로서는 부적합하다는 문제의식에서 작은따옴표(' ')를 붙여 표기한다.

2 앤서니 J. 노첼라 2세 외 지음, 곽성혜 옮김,《동물은 전쟁에 어떻게 사용되나?》, 책공장더불어, 2017, 181쪽.

감지하는 용도로 동원되었고, 제2차 세계대전 이후로 많은 개가 훈련을 거쳐 지뢰제거 등 '강제군사노동'[3]에 본격적으로 투입되어온 역사가 있다.

2022년 5월 8일, 러시아-우크라이나전쟁 발발 이후 두 달여 만에 러시아군이 남긴 지뢰와 불발탄 등 200개가 넘는 폭발물을 발견한 공로를 인정받은 폭발물 탐지견이 볼로디미르 젤렌스키 대통령에게 국가훈장을 받았다. 패트론(Patron)이라 붙여진 그의 이름은 우크라이나어로 '탄창'이라는 뜻을 갖는다. 젤렌스키는 패트론을 "작지만 아주 유명한 공병(工兵)이자 군사 엔지니어"로 묘사하면서, "이 개가 우크라이나 어린이들의 안전을 위해 매우 중요하고 긴박한 업무를 맡고 있다."[4]라고 치하하기도 했다.

3　이 글에서는 징집된 병사들과 비인간동물에 대한 전쟁 동원을 '강제군사노동'으로 명명하기로 한다. 국제노동기구(ILO)의 강제노동금지협약에 기재된 강제노동금지원칙에는 '일부 예외'가 있는데, 여기에 군 복무, 감옥 내 노동, 위급 상황에 수반되는 일, 미성년자 사회봉사 같은 경우가 포함되어 있다(ILO, 1932, 제2a-e조). 그러나 징병제에서 군사노동은 강제성이 다분하다는 점, 위급 상황에 대한 규정이나 정의가 명료하지 않다는 점은 문제적이며, 강제노동금지협약 내용은 전쟁이나 군사 활동에 동원된 비인간존재들에 대한 종(種) 차별을 고려하여 목록이 확장되어야 할 필요가 있다.

4　임보미, 〈"200개 넘는 지뢰탐지", 훈장 받은 우크라 군견 '패트론'〉,

he teaches children
mine safety with the
support of **UNICEF**.

어린이들에게 지뢰 등 폭발물 안전사고에 대해 교육하는 자리를 함께한 패트론(사진 출처: 유니세프 홍보화면 캡처)[5]

SNS에서 30만 명에 가까운 팔로워를 얻은 패트론의 조련사 미하일로 일리예프가 공유한 동영상에서 패트론은 꼬리를 흔들며 신나게 폭발물을 찾아다니는 것처럼 보인다. 그러나 동영상을 시청한 전 세계 수백만 명의 사람들에게는 방탄조끼를 입은 '귀여운' 패트론이 폐허가 된 피해 현장에서 튀어나온 못과 부러진 철골 사이를 맨발로 누비며 감수해야 했던 위험 따위는 감지되지 않는다. 인간의 안전을 위해서라면 패트론이

《한국일보》, 2022. 5. 9.

5 https://www.unicef.org/ukraine/en/stories/dog-teaches-children-mine-safety

위험을 감당하는 것이 당연하다고 말할 수 있을까? 누군가의 희생을 담보로 다른 누군가의 안전이 확보된다면, 그러한 희생을 강요당하는 자리에 놓였던 존재들의 안부는 더 이상 묻지 않아도 되는 것일까?

통상 경찰견이나 군견은 K9으로 불린다. K9은 '개의', '개과의'라는 뜻의 'canine'과 발음이 같아서 생긴 호칭이다. 폭발물 탐지견 패트론이 입은 방탄조끼는 캐나다의 위니펙에 위치한 K9 Storm이라는 제조업체에서 만들어진다. 이 업체는 미국의 육해공군, 해병대, 해안경비대, 국경수비대, 우주항공국뿐 아니라 캐나다, 호주, 뉴질랜드, 노르웨이, 폴란드, 벨기에, 네덜란드, 스웨덴, 덴마크, 독일, 프랑스 군대에 군견 관련 용품을 납품한다.[6]

군견의 방탄조끼를 주력 상품으로 생산하는 K9 Storm은 엄밀히 말하면 군수물자 제조업체인 셈이다. 사이버전쟁 전문가 피터 싱어는 새로운 민간군사기업(Private Military Company, PMC)들이 훨씬 광범위한 서비스를 제공하고, 이전보다 다양한 고객들을 상대하게 되었다고 말한 바 있다. 훈련, 병참, 작전 지원, 분쟁 종식후 처리 과정 등 모든 스펙트럼을 두루 포괄하며 여러

6 https://k9storm.com/

K9 Storm의 거래처들이 아래쪽에 나열되어 있다.(사진 출처: K9 Storm 홈페이지 화면 캡처)

곳의 전시장과 전장에서 동시에 여러 광범위한 고객들을 위해 활동할 수 있을 만큼 다변화하고 있다는 것이다.[7] 패트론과 같은 개들은 K9 Storm에서 제작한 방탄 조끼를 입고 전장을 누비고, 전후 '복구'라는 명목하에 지뢰 등 폭발물 제거에 투입된다. 싱어의 스펙트럼에서 말하자면, K9 Storm은 작전 지원이나 분쟁 종식 후 처리 과정 등에 참여하여 이윤을 얻는 기업에 해당한다.

---

7 피터 W. 싱어 지음, 유강은 옮김,《전쟁 대행 주식회사》, 지식의풍경, 2005, 92~93쪽.

전쟁은 누군가의 '고통'과 다른 누군가의 '이윤'을 동시에 양산한다. 따라서 전쟁에 대한 분석 또한 이 두 가지 측면에서 동시에 다루어져야 한다.

군견의 '안전'을 내건 제조업체이기 때문에 얼핏 보면 전쟁에 일조한다는 느낌보다는 평화에 기여한다고 여겨질 수 있다. 그러나 인간이 벌이는 전쟁에서 인간을 위해 사지에 던져지는 개들에게 방탄조끼를 입힌다는 것이 무엇을 의미하는 것인지, 궁극적으로는 인간의 안전을 위한 것임에도 마치 개들의 안전을 위한 것처럼 구사되는 말들을 되짚어볼 필요가 있다.

재난 이후의 복구 작업이나 전쟁에 동원되는 비인간동물이 있다는 사실을 모르는 이들은 드물다. 그러나 이러한 동원에 대비하여 비인간동물이 일상적으로 감금되어 훈련을 강요당한다는 사실, 그리고 그들의 위험 부담이나 부상, 사망, 사고 등에 대해서는 좀처럼 알지 못한다. 전쟁에 동원되었던 동물 혹은 전쟁으로 거리에 출몰한 동물은 모두 어떻게 지내고 있을까? 이 글에서는 뒤늦게나마 이제껏 묻지 않았던 비인간존재들의 전쟁경험과 안부를 묻기로 한다. 비인간존재의 전쟁경험을 말한다는 것은 철저히 인간 중심적인 역사에서 '장소 없는' 혹은 '장소를 빼앗긴' 존재들의 곁에 서는 실천이자, 그들과 함께 살아갈 장소를, 우리의 서식지를 탈환하는 싸움이기도 하다.

강제군사노동,
난민화된 존재들의
대리노동

살아 있는 무기로 거래되는 신체는 비인간동물에 국한되지 않는다. 러시아 당국은 사면 약속과 함께 HIV 감염인의 치료와 자가관리를 위한 항바이러스제 제공을 6개월 복무의 거래 조건으로 제시하여, 러시아-우크라이나전쟁 수행을 위해 교정 시설에서 약 5만여 명에 이르는 이들을 징집했다. 이들은 인간방패로서 가망 없는 전장의 최전선에 바그너 그룹의 일원으로서 투입되어 대다수가 첫 전투에서 목숨을 잃었다. HIV 감염인에게는 빨간색 팔찌가, C형간염 환자에게는 흰색 팔찌가 채워져 '식별 가능한' 차별과 혐오의 대상이 되었고, 감염에 대한 편견과 왜곡된 인식 때문에 부상을 당해 피투성이가 되어도 응급처치 대상에서 밀려났다. 이들의 신체는 말 그대로 살아 있는 병기(兵器)로 동원되어, 집합적으로 전사할 위험이 가장 많은 병사들(cannon fodder)로 분류되었다.

HIV 감염자임을 드러내는 빨간색 팔찌와 C형간염 환자임을 드러내는 흰색 팔찌를 찬 러시아 군인(사진 출처: Mauricio Lima,《The New York Times》)

이들 중 죽음의 전장에서 가까스로 살아남아 우크라이나군의 포로가 된 병사들의 증언에 따르면, 러시아의 교정 시설은 HIV 감염인의 생존에 필수적이고 효과적인 약물 공급을 박탈한 상태에서 항바이러스제와 사면을 약속하고 참전을 제안했다고 한다. 특히 치료제 없이 살아서 나갈 방도가 없던 장기수들이 대거 참전 제안을 받아들였고, 그들은 이러한 사태를 마주하면서 "감옥에서 천천히 죽어가는 것과 전장에서 신속히 죽는 것 사이의 선택"이었다고 언급한 바 있다.[8] HIV 감염인에게 전장은 일상의 차별과 혐오의 연속선상에 있는 장소이자, 이를 정당화하는 낙인의 장(場)이 된다. 참전 이전에도 이들은 이미 사회에서 낙인에 맞서 다른 층위의 전쟁을 치르고 있었고, 전장은 이들의 취약성을 더욱 강화하는 조건으로 기능한다.

'난민의 지위에 관한 1951년 유엔협약'(이하 '난민협약')에 따르면, "난민이란 인종, 종교, 국적, 특정 사회집단의 구성원 신분 또는 정치적 의견을 이유로 박해를 받을 수 있다는 근거 있는 우려로 인해, 자신의 국적국 밖에 있는 자로서, 국적국의 보호를 받을 수 없거나, 또는 그러한 우려로 인하여 국적국의 보호를 받는 것을 원하지 아니하는 자"를 뜻한다. 그러나 이러한 난민의 정의만으로는 앞서 언급한 러시아 당국에 의한 HIV 감염인 수형자의 징집 과정처럼 국적국 안에서도 국가의 보호는커녕 사지로 내몰리는 이들의 '난민화' 과정은 물론이요, '불필요한 군 장비'로 전장에 버려진 군견들의 전쟁경험 또한 설명할 수 없다.

중요한 것은 난민협약에서 정의하는 '이러저러한 자가 난민이다'라는 난민의 '규정'에 대한 논의가 아니

---

8   Andrew E. Kramer, 〈'A Quick Death or a Slow Death': Prisoners Choose War to Get Lifesaving Drugs〉,《The New York Times》, 2023. 4. 21.

다. 난민은 어떤 '존재' 그 자체를 의미하는 것이 아니라 어떤 '자리'를 가리키는 말이기 때문이다. 이러한 자리에서 겪게 되는 '국가 없음'의 '상태' 혹은 '사태'를 '난민화'라고 부를 수 있다면, '누가' 난민인지가 아니라, '어떻게' 난민이 되는지 그 경로를 문제 삼아야 하는 것 아닐까. 난민의 자리를 만들어내는 권력의 메커니즘, 즉 비국민과 국민, 난민과 시민, 비정상과 정상, 인간과 비인간존재를 구분 짓는 힘을 파악하기 위함이다. 여기에서 강조하고 싶은 말은 '난민화'된 존재들의 궁극적인 바람이 국민으로 수렴되는 것이라고 단언할 수는 없다는 점이다. 국민 안에도 '난민화'의 과정 속에 있는 이들이 존재하는 이상 그렇다. 국민의 이름으로 징집된 감염인들과 국가의 부름에 동원된 비인간동물들은 사실 '대리노동'을 강요당하는 자리에 있는 난민화된 존재들이라고 말할 수 있다.

비인간동물과 HIV 감염인의 강제군사노동은 '대리노동'이자 '죽음정치적 노동'으로서의 측면을 갖는다. 국가가 생명을 관리하고 조절하는 '생명정치(bio-politics)'라는 미셸 푸코의 개념을 토대로, 조르조 아감벤은 '인종주의'에 근거한 생명권력이 피지배자들을 죽음으로 몰고 가면서 그들의 삶을 부양하게 하는 특수한 양상을 가리켜 '죽음정치(necro-politics)'라 명명했다. 죽음정치는 생명권력의 극단적인 형태인 동시에, 생명권력이 작동하는 체제를 유지하는 구성적 요인이라는 점에서 중요하다. 자기 삶을 부양할수록 죽음에 다다르는 노동, 그러한 노동으로 유지되는 세계란 어떤 것일까? 그러한 세계는 '죽음정치적 노동'을 누구에게 강요해왔는가. 생명권력이 체제에 예속된 이들에게 적용된다면, 죽음정치는 체제에 동화되기 어려운 쪽에서 보다 분명히 나타난다.[9]

위의 주장은 모두 타당하다. 그러나 인간이 주체일 때에 한정해서 그렇다. 푸코나 아감벤의 문제의식에는 비인간존재를 위한 자리가 없다. 그래서 그들의 촘촘한 사유를 참조하더라도 비인간존재의 자리에까지 확장된 논의를 하기 위해서는 적극적인 전유가 요청된다. 특히 전쟁이 인간에게만 국한된 경험이 아니라는 것을 드러내기 위해 이 글에서는 '인종주의'를 '인/종주의'로 다시 읽어내고자 한다. 인/종주의는 어떤 존재에게 자행되는 폭력을 폭력이라고 느끼지 않도록 만드는 이데올로기에 기반하여 작동한다. 죽어도 되는 존재, 함부로 해도 되는 존재에게 가해지는 폭력은 폭력이 아

9 이진경 지음, 나병철 옮김, 《서비스 이코노미》, 소명출판, 2015, 40쪽의 역주 12, 45쪽의 역주 20.

닌 다른 이름으로 호명된다. 예를 들면, '전쟁수행 동물'이라는 명칭이 그렇다. 그렇다면 비인간동물을 전쟁에 동원하는 것을 당연하게 여기게끔 만드는 신념체계는 어떻게 쌓아 올려진 것일까.

《서비스 이코노미》에서 소개된 바 있는 '대리노동'은 노동자가 죽음에 이를 때까지 신체와 정신을 소모시키는 '죽음정치적 노동'이며, 노동이 수행될 때 혹은 수행된 이후에 노동자가 방치 혹은 대체되거나 살해될 수 있다는 특징이 있다. 누군가를 대신하여 자신의 신체를 위험한 공간에 던져 넣고 자신을 소진한다는 점에서 대리노동은 필연적으로 죽음정치적 노동이며, 이는 인종, 젠더, 계급에서 보다 낮은 층위의 존재가 그것을 대신하는 노동이 된다.[10] 여기에서도 질병과 종(種)이라는 범주는 대리노동을 강요당하는 조건으로서 논의되지 않는다.

'대리노동'은 전쟁에 동원되어 '강제군사노동'을 하게 된 병사와 비인간동물 모두에게, 공장식 축산에 사로잡혀 좁은 축사에서 평생을 갇혀 지내는 동물과 그 곁에서 혹독한 노동을 강요당하는 이주노동자 모두에게 동시에 적용 가능한 개념으로 사유되어야 한다.

---

10 이진경, 같은 책, 6~12쪽.

국적국 국민인 병사와 국경을 넘어온 비국민노동자는 전장과 축사에서 모두 '국가 없음'의 상태에 놓여 있다는 점에서 난민화된 존재로서 대리노동을 한다는 공통항을 갖는다.

동물이 노동에 참여한다고 볼 수 있는지, 그렇게 보아야 하는지에 대한 서구발(發) 논쟁이 시작되었을 때, 동물이 노동자로 인정되어야 한다는 생각을 지지하는 이들은 특히 군견과 경찰견에 대한 몇몇 주목할 만한 사건을 언급하면서, 점점 더 동물을 동료 구성원으로 받아들이는 경향을 보였다. 가령 2013년 영국 노팅엄의 경찰은 은퇴를 앞둔 모든 경찰견에게 3년 동안 연간 500파운드의 수당을 주기로 결정함으로써 개들의 노고를 인정하고 음식, 돌봄, 주거, 의료에 대한 비용을 지원했다고 한다.[11]

한국에서도 2013년 동물보호법 개정과 2015년 군수품관리법 시행령 개정에 따라 군견훈련소에서 퇴역하거나 부적합 판정을 받은 개들을 의학실습용으로 기증하거나 안락사시키는 것이 금지되고 민간입양제도가 도입되었다. 국방부는 작전 수행 능력이 없는 군견,

---

11 샬럿 E. 블래트너 외 지음, 류수민 외 옮김, 《동물노동: 종간 정의를 이야기하다》, 책공장더불어, 2023, 18~19쪽.

군마 등을 민간에 무상으로 양도하는 등의 내용을 담은 군수품관리법 시행령 일부를 개정했는데, 이때 군견과 탄약을 '무상양도' 혹은 '무상대여'하기로 결정되었다는 점에 주목하고 싶다. 개정의 상세한 내용은 다음과 같다.[12]

- 군 작전상 체력과 감각이 떨어지는 군견과 군마를 민간에 무상으로 양도할 수 있도록 함.
- 군 장비의 수출 시 시범운용을 위해 탄약의 대여가 필요한 경우와 국가시책에 따른 탄약의 수출 증진을 위해 필요한 경우에 탄약을 무상대여할 수 있도록 근거를 마련함.

군대에서 개와 말은 '군인'이 아니라 탄약과 같은 '군수품'으로 취급된다는 사실을 놓쳐서는 안 된다. 동료 구성원으로서 개들의 노고를 인정하려면 우선 개들은 군수품이 아니어야 한다. 이러한 논의는 '네발의 전우' 운운하면서도, 개들을 버리고 철수했던 베트남전쟁을 상기시킨다. 미시간 군견기념관에 따르면, 베트남전

---

12 〈퇴역 군견을 무상으로 양도합니다-군수품관리법 시행령 일부 개정〉, 국방부 보도자료, 2015. 1. 12.

미시간 군견기념관 내 베트남 K9 기념벽(사진 출처: 미시간 군견기념관 홈페이지)

쟁 중에 4,234명(命)의 군견이 전장에 배치되었다. 개들은 전쟁 기간 중에 1만여 명에 달하는 군인의 생명을 구했지만, 전쟁이 끝나고 내려진 철수 명령에는 '불필요한 군 장비'로 분류된 개들을 두고 떠나라는 지시가 포함되어 있었다. 개들을 남겨두고 귀환한 조련병들은 50년이 지난 지금도 그때의 충격과 안타까움을 잊을 수 없다고 말한다.[13]

작전이나 전쟁이 끝난 뒤 비인간동물이 버려지거나 도살당하는 것은 드문 일이 아니다. 베를린장벽이 무너진 뒤에 장벽을 지키는 데 이용되었던 7,000여 명(命)의 개들은 대부분 사살되었다. 분단선을 넘어 탈주

---

13 https://mwdm.org/index.php/the-wall

하는 이들을 공격하도록 훈련받은 데다가, 서베를린의 주민들이 이 개들을 무서워했기 때문이라고 한다.[14]

　오스트레일리아 정부는 제1차 세계대전이 끝난 후, 전쟁에 징집되었던 말 수만 명(命)을 본국으로 송환하지 못하게 하는 검역법을 고수했고, '품질'이 떨어지는 말은 죽어서 가죽을 판매하라고 명령했다. 이와 동시에 도축산업을 촉진하고 말고기 맛을 칭송하는 캠페인을 벌이기도 했다. 말 사육산업을 육성하는 정부의 정책은 여가용 승마산업의 성장에도 기여했다. 말은 전쟁 중에도 전후에도, 살아서도 죽어서도 '상품'으로 취급되었을 뿐, 지각 있는 개별적 존재로 인식되지 않았다. 이처럼 말 사육과 공급은 국가적인 군사화정책의 일부였던 오랜 역사가 있다.[15]

　비인간동물을 '노동자'로 인정하는 것 혹은 그들이 강요당한 행위를 '노동'이라 명명하는 것은 비인간동물을 도구화/노예화한다는 발상에서 얼마나 자유로울

14　앤서니 J. 노첼라 2세 외, 같은 책, 179쪽.

15　〈Forgotten Heroes: A million horses were sent to fight in the Great War-only 62,000 came back〉, Daily Mail, 2007. 11. 09., https://www.dailymail.co.uk/columnists/article-492582/Forgotten-Heroes-A-million-horses-sent-fight-Great-War--62-000-came-back.html

수 있을까. 인간의 필요에 의해 동원된 노동의 전(全) 과정에서 비인간동물은 억압이나 수탈 없이 온전한 삶을 영위할 수 있을까? 특정 용도로 이름 붙여지고 그에 걸맞은 훈련을 통해 생애가 규정되는 삶이란 무엇일까. 그러한 삶은 비인간동물이기에 당연한 것일까. 혹독한 훈련을 통한 '길들이기'의 과정을 인간과 비인간동물이 맺는 '관계'라 말할 수 있을까?

국가에 의해 횡령당하는
비인간존재의 전쟁경험

2020년 10월, 알링턴 국립묘지 외곽에 위치한 미여군기념관에서 여군과 동료 군견을 기리는 동상이 공개되었다.[16] 조각가 수전 바하리가 만든 '서약(The Pledge)'이라는 이름의 작품이었다. 바하리는 자신의 웹사이트에서 "그녀는 우리의 나라를 보호하고 방어하겠다는 서약을 했고 결속된 이 한 쌍은 서로를 안전하게 지키고 임무를 성공적으로 완수하겠다는 무언의 서약을 공유한다.", "미국에는 여성의 훌륭한 군 복무를 기

---

16   https://nationalserviceanimalsmemorial.org/about-the-artist/

미여군기념관에 비치된 '서약(The Pledge)'(사진 출처: 수전 바하리 웹사이트)

리는 기념비가 거의 없다. 때가 왔다."라는 언급을 하기
도 했다.[17]

여성 군인과 비인간동물이 동료로서 전쟁영웅으로
함께 기념된다는 것은 어떤 의미를 가질까? 베트남전
쟁 당시만 해도 여군은 군견의 조련병으로 투입된 바
없고, 이후로도 조련병인 여군에 대한 기록은 찾아보기
어렵다. 그러나 최근에는 군견과 여군이 함께 있는 모
습이 종종 기사화되는 것을 볼 수 있다. 2022년 12월,

17 https://baharystudios.com/art/the-pledge

미국에서 병역동물기념법이 통과되어 군견을 비롯한 동물과 '핸들러'로 불리는 조련병의 노고를 기리는 공식적인 기념물을 제작할 수 있게 되었는데, 이는 비인간동물에 대한 '조련'이 '관계'라는 왜곡된 이미지로 순화되어 역사에 기입된다는 점에서 문제적이다. 조국을 보호하고 방어하겠다는 서약도, 참전하겠다는 의지도, 그것을 위한 모든 훈련 과정도, 비인간동물에게는 동의나 선택의 영역이 아니기 때문이다.

군견과 눈을 맞추는 여군의 동상은 기존의 '복종을 통한 훈련'이라는 이미지를 '교감을 통한 관계'로 둔갑시키는 효과를 만들어낸다. 여성이 남성에 비해 보다 공감을 잘할 수 있는 존재로 상정되고, 여군이 그러한 공감 능력을 발휘하여 군견을 동료 구성원으로 받아들여 전쟁에 기여한다는 식의 발상이 그러한 효과를 지탱하고 있다.

여성과 군견이 함께 기념되기 전에도 이미 전쟁 관련 전시관에서는 '버펄로 솔저(Buffalo Soldiers)'라는 이름으로 흑인 병사와 군마가 함께 기념된 바 있다. 기병은 군대에서 특권적 지위의 상징이지만, 19세기에 창설되어 흑인 병사들만으로 구성되었던 버펄로 솔저는 예외였다. 인종차별을 당하는 위치에서 시민권을 확보하기 위해 전략적으로 병역을 이용했던 흑인 기병대

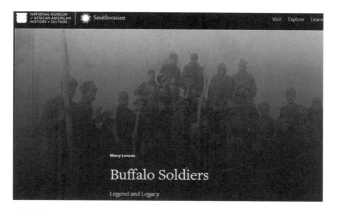

흑인 병사들로 구성된 기병대 버펄로 솔저(사진 출처: 미국 국립 아프리칸 아메리칸 역사문화박물관 홈페이지)

병사들은 미국-스페인전쟁, 필리핀 정복, 멕시코 침략, 특히 아메리카 선주민의 대량학살에 대대적으로 동원되었다.[18]

　미국의 국립 아프리칸 아메리칸 역사문화박물관 홈페이지에 소개된 버펄로 솔저에 대한 설명은 '병역을 통한 시민권 획득'이라는 당대 흑인들의 한계적 위치에 머무르지 않고, 이러한 전쟁 수행이 어떠한 폭력 구조에 가담하는 것인지 사후적으로나마 도전적인 질문을 던진다는 점에서 피해와 가해의 이분법에 갇히지

18　앤서니 J. 노첼라 2세 외, 같은 책, 63쪽.

않은 성찰의 노력을 보여준다. 전쟁에 대한 흑인 병사의 기여가 동시에 어떻게 미국 선주민에 대한 억압으로 작동했는지 자각하는 면모를 볼 수 있기 때문이다.[19] 그러나 버펄로 솔저에 대한 박물관의 서사에도 군마의 존재는 지워져 있다. 미국 남북전쟁 당시 무려 100만명(命)이 넘는 말이 죽었지만, 모든 군마가 애도의 대상이 되는 것은 아니다. 전투에 공헌한 특별한 에피소드를 가진 군마에 한해서 전쟁영웅으로 호명하고 동상을 세워 그 죽음을 기린다.

경기도 연천의 고랑포구 역사공원에는 한국전쟁 당시 '레클리스(Reckless)'라는 이름으로 탄약을 날랐던 말의 동상이 세워져 있다. 서울 신설동 경마장의 작은 경주마였던 '아침해'는 미 해병대에 팔려 가 미 해병 제1사단 5연대 대전차부대에서 탄약수송훈련을 받고, 1953년 3월 말에 연천군에서 미 해병 제1사단과 중국인민지원군 120사단이 닷새 동안 격전을 치른 전투에서 하루에 총 56km에 이르는 고지를 51회나 왕복하며 386회 동안 실어 나른 포탄과 탄약이 4,000kg이 넘었다고 한다. '무모한'이라는 뜻의 레클리스는 이 전투에서 무모할 만큼 용감했던 말의 모습을 보고 붙인 이름

19   https://nmaahc.si.edu/explore/stories/buffalo-soldiers

경기도 연천 고랑포구 역사공원에 있는 레클리스 동상(사진 출처:《뉴스매거진21》, 2019. 5. 18.)

이다.

전투에서의 '공로'를 인정받아 1959년에 미국 역사상 처음으로 하사 계급을 받은 레클리스의 동상은 2013년에 미국 버지니아주 국립 해병대박물관 야외 공원에 세워졌고, 2016년에는 켄터키 말 공원에도 세워졌다.[20] 미국 국립 해병대박물관에서는 '네발의 해병' 레클리스를 기리기 위해 매년 추도식이 거행된다. 한국에서도 한국마사회의 지원으로 2015년 이후 〈레클리스 1953〉이라는 뮤지컬 공연이 계속되어왔다. 연천의

20 Danielle Rossingh, 〈The legend of Sergeant Reckless, America's greatest war horse〉, CNN, 2018. 5. 15., https://edition.cnn.com/2018/05/15/sport/sergeant-reckless-warhorse-spt/index.html

역사공원이나 미국의 박물관에 세워진 레클리스의 동상은 전쟁에서 다치거나, 죽거나, 전장에 방치되어 버려진 다른 수많은 말들의 생사에 대해서는 말하지 않는다. 인간만이 주인공인 역사는 포탄, 철조망, 진흙 속에 던져져 부상과 죽음을 겪어야 했던 말들, 전장에 방치되어 굶어 죽었거나, 도살당했거나, 여생을 서커스에 동원되었거나 관광용 마차를 끌어야 했던 말들의 안부는 묻지 않는다. 전쟁을 미화하고 애국심을 고취하기 위해서는 전쟁영웅만이 필요하기 때문이다.

에코사이드의 책임을 물으면서도 여전히 생략되는 존재들[21]

과거의 수많은 전쟁에서 비인간동물은 살상무기의 효과를 실험하는 대상이 되거나, 전쟁병기로 쓰이고 버려졌다. 뿐만 아니라 '자연'이나 '환경'으로 배경화되는 비인간존재들이 있다. 그러나 어느 누구도 비인

---

21 이 절은 심아정, 〈페미니즘과 생태적 관점으로 다시-쓰는 '민(民)들의 법정'의 계보〉(《사이間SAI》 31호, 국제한국문학문화학회, 2021.)의 일부 내용을 요약·정리한 것임을 밝힌다.

간동물을 전쟁에 동원하고 죽음에 이르게 하거나 방치한 책임 혹은 산, 강, 바다, 숲을 초토화시킨 책임을 묻지 않는다. 전쟁에서의 '피해 허용 가능성'을 암묵적으로 인정하는 '부수적 피해(collateral damage)'라는 표현이 있다. 민간인학살이 전쟁 수행을 위한 '부수적 피해'로 취급되는 동안, 폭격이나 서식지 파괴로 죽어간 동식물은 '피해-가해'의 구도에조차 놓이지 않는다. 허용 가능하고 정당화될 수 있는 피해를 판단하는 분계선은 과연 어디인가를 묻기 전에, 이것을 가늠하는 것 자체에 문제를 제기해야 한다. '부수적 피해'라는 개념은, 배제되어 마땅한 존재들의 외연을 끊임없이 넓혀가는 무시무시한 발상에 근거하고 있다. 그렇다면 비인간존재들이 전쟁에서 겪은 피해, 누군가가 저지른 전쟁범죄의 책임은 어떻게 말해질 수 있을까?

2022년 10월, 러시아 군함이 사용하는 수중 음파탐지기가 흑해에 서식하는 돌고래 5만여 명(命)을 죽음으로 몰아넣었다는 연구 결과가 보도되었다. 군함과 잠수함의 저주파 음파탐지기가 돌고래의 생존 수단인 반향 위치 측정을 방해한다는 내용도 포함되어 있었다.[22]

---

22 Aliide Naylor, 〈Sonar from Russian ships killing Black Sea dolphins〉, 《The Times》, 2022. 10. 25.

군에서 사용하는 음파 장비가 돌고래의 생존 수단인 반향 위치 측정을 교란하여 먹이를 찾지 못하게 된 돌고래들이 굶어 죽거나 방향 감각을 잃고 바위나 해안 등 위험한 곳으로 돌진하여 죽을 수 있고, 전투기 등의 비행도 돌고래의 청각 손상으로 이어질 수 있다고 한다. 미 해군이 2000년 카리브해 바하마에서 군사훈련을 했을 때도 돌고래 집단 좌초가 발생한 바 있다.[23]

우크라이나의 과학자들이 고래류 모니터링을 수행하는 아조프해와 흑해 연안을 따라 위치한 국립공원은 대부분 러시아에 의해 점령되었는데, 우크라이나 오데사 지방검찰청은 생태학살(에코사이드, ecocide)에 대한 러시아의 책임을 묻기로 했다. 그러나 생태학살은 아직 국제법에서 범죄로 인정되지 않기 때문에, 타국을 생태학살로 기소하는 것은 매우 어려운 일이다. 게다가 러시아는 국제형사재판소(ICC)의 권위를 인정하지 않는다. 2021년에는 12명의 국제 변호사 그룹이 "환경에 심각하고 광범위하거나 장기적인 피해를 입힐 상당한 가능성이 있음을 알고 저지른 불법적이거나 무자비한 행위"로서 생태학살을 법적으로 정의하고, 이를 국제

---

23 유한주, 〈우크라전 탓 흑해 돌고래도 5만 마리 떼죽음〉, 연합뉴스, 2022. 10. 26.

적으로 범죄화하기 위해 ICC의 로마규정[24]을 개정할 것을 제안했다.[25]

이에 앞서 2016년에 네덜란드 헤이그에서 열린 '몬산토 국제법정(세계 최대 다국적 농화학기업인 몬산토의 제초제가 생태계에 심각한 피해를 초래한 혐의를 두고 열린 재판)'에서도 ICC가 규정하는 '인도에 반(反)하는 죄'에 해당하는 인종학살, 인본주의에 반한 범죄, 전쟁범죄, 침략범죄에 이어 생태학살이 다섯 번째 범죄 항목으로 인정될 수 있도록, ICC에 로마규정의 개정을 권고하면서 '새로운 법률적 개념'을 제안할 때가 도래했다고 판단한 바 있다.

그러나 몬산토 국제법정은 ICC에 로마규정의 개정을 권고하면서도 다른 한편으로 몬산토가 1962년에서 1971년 사이에 미국이 베트남에서 수행한 '랜치 핸드 작전'에서 전쟁범죄에 공모한 혐의에 관련해서는

---

24 국제형사재판소는 국제범죄를 형사재판하는 유엔 산하 기구로, 2002년 네덜란드 헤이그에 설립되었다. 로마규정은 국제형사재판소의 관할권을 인정하는 다자조약으로, 1998년에 로마에서 채택되었고 한국은 2002년에 비준했다.

25 Elizabeth Fitt, 〈Black Sea dolphin deaths prompt ecocide allegations against Russia〉, Mongabay, 2022. 12. 16., https://news.mongabay.com/2022/12/black-sea-dolphin-deaths-prompt-ecocide-allegations-against-russia/

(위) 몬산토 국제법정 풍경 (아래) 유해 물질인 글리포세이트를 핵심 원료로 하는 제초제 '라운드업'(사진 출처: 몬산토 국제법정 홈페이지)

입증할 만한 증거가 없기 때문에 확정적으로 답할 수 없다고 판단했다.[26] 엄밀히 말하면, 이것은 판단이 아

26 마리 모니크 로뱅 지음, 목수정 옮김,《에코사이드: 생태학살자,

니라 판단유예다. 몬산토는 베트남전쟁 시기에 고엽제 (에이전트 오렌지) 수십만 톤을 제조하여 게릴라가 점령한 숲과 농촌 지역에 제초제를 뿌려 그곳의 삶을 초토화시킴으로써, 게릴라에 대한 농촌의 지원을 막으려고 했다. 그 결과 그 지역의 비인간동물들은 서식지를 잃었고, 480만 명의 베트남인이 제초제에 노출되어 40만 명이 죽거나 장애를 입었으며, 50만 명의 아이들이 제초제의 피해를 입은 채 태어났다. 무슨 입증이 더 필요하다는 것일까?

민간 주도의 법정은 대부분 소멸시효나 면책규정 등으로 사법제도상의 법정에서는 책임을 묻는 것이 불가능해진 상황에서 시도된다. 실정법에서는 권력에 의거하여 법의 효력을 가늠하지만, 실정법으로 해소 불가능하게 된 사건을 다루는 '민간법정'²⁷에서는 그 효력

몬산토와 글리포세이트에 맞선 세계 시민들의 법정투쟁 르포르타주》, 시대의창, 2020, 364쪽.

27 people을 '국민', '시민' 등 제한된 개념으로 사용할 경우, 필연적으로 비국민, 난민, 비인간동물 등 '배제된 존재들'을 양산하게 된다. 그러므로 이 글에서는 people의 번역어로 '새로운 민(民)'의 가능성, 즉 국가가 셈하는 국민/시민 혹은 인간-존재만을 지칭하는 개념어에 국한되지 않는, 확장된 개념으로서 '민'을 사용하고자 한다. 이러한 시도는 그 자체로 '또 다른 공동체'를 구축할 수 있는 가능성을 담고 있다는 점에서 유의미하다. 이런 취지로 people의 번역어로

과 권위의 토대를 '민(people)'의 층위에 두고 있다. 여기에서 '민'은 누구일까? '민'의 범주를 국민과 정상성에 가두지 않고, 인간 너머 비인간존재로 확장한다면 민간법정의 내용과 형식에는 어떤 변화가 일어날까. 이러한 변화의 가능성은 국경뿐만 아니라 여러 층위의 경계를 넘은 '확장된 민'을 새롭게 규정하고 인식하는 과정에서 가까스로 확보될 수 있는 것 아닐까.

몬산토 법정의 가장 큰 한계로 지적할 수 있는 것은 이러한 민간법정에서조차 비인간동물의 원고석은 여전히 공석(空席)이라는 사실이다. 몬산토 법정은 얼핏 생태학살을 말하고 있는 것처럼 보이지만, 이때의 '생태(eco)'는 인간을 위해서 그저 '자원'이나 '상품'으로서만 존재한다. 따라서 이 법정에서 논의된 '생태'는 미심쩍다. 법정에서의 논의 중에 '동물의 건강에 끼친 몬산토의 활동'에 초점을 맞춘 세션이 있었는데, 수의사, 축산업자, 양돈업자가 연이어 증언대에 섰다. 수의사 아트 던햄의 오프닝 멘트는 모순된 쟁점들을 함축하고 있다.

'민'을 사용하고, 편의를 위해 'People's Tribunal'은 '민간법정'이라 부르기로 한다.

"농업은 존재의 토대를 대변합니다. 토양의 건강, 동물과 인간의 건강은 독립적이면서 또한 모두 연결되어 있습니다. 우리가 지속가능한 시스템을 원한다면, 이 사실을 정신에 새겨야 할 것입니다. 저는 글리포세이트 제초제 사용으로 야기된 동물 건강의 위험 증가에 관해 말하고자 참여했습니다."[28]

증언대에 선 이들은 고엽제로 인해 비인간동물의 건강이 위험해진다고 말하지만, 결국 이는 인간을 위한 식량자원의 위기를 말하고 있는 것과 다름이 없다. 비인간동물의 건강은 오롯이 그 자신을 위한 것이 아니라, 더 안전한 식량이 되기 위해서 논의된다. 법정에서 '지속가능한' 시스템은 유전자 조작과 항생제 사용을 멈추고 곡물사료로 바꾸는 것으로 가능해진다고 말한다. 여기에 한 가지 놓치고 있는 것이 있다. '지속가능한' 시스템은 비인간동물이 축사로 불리는 집단수용소에서 '지속적으로' 젠더 편향적인 착취를 당하는 현실[29]에 의해 지탱된다. 공장식 축산의 축사는 철저한

---

28 마리 모니크 로뱅, 같은 책, 205쪽.

29 비판적 동물연구학자 캐스린 길레스피에 따르면 동물은 우유, 달걀, 정액 등을 만들며 생산 과정 안에서 노동을 제공하는 동시에 그 자체로 상품이기도 한, '생명파생상품(lively commodity)'이다. 예를

젠더 이분법에 의해 운영되는 '젠더지옥'이다.

몬산토 법정은 여전히 인간을 지배의 정점에 둔 피라미드형 '생태계'로 상상되어온 세계를 한 발자국도 넘어서지 못한 '위계' 속에 있고, 베트남전쟁과 관련된 법정의 판단은 최초의 민간법정인 러셀 법정(1966년 철학자 버트런드 러셀이 베트남전쟁에서 생긴 범죄들을 고발하려고 연 사설 모의법정)보다 오히려 후퇴한 것으로 보인다.

들면, 소의 정액은 높은 성공률과 통제 가능성을 이유로 인공수정을 선호하는 낙농업자들에 의해 국제적으로 거래되고, 얼룩소도 우유와 동시에 송아지를 생산한다. 상품이 순환되는 회로를 끝없이 재생산하는 과정에서 소들의 몸은 분절되어 난자, 정자, 배아, 자궁, 유방 등의 신체기관이 모두 분리된 채 생산 과정에 편입되어 몸의 통합성이나 존재의 온전함을 유지하기가 더욱 어려워진다. 이런 과정에서 상품가치와 무관한 다른 개성은 무시된다. 젠더 편향적인 동물의 이용에는 생식, 몸, 성에 대한 인간의 규범이 반영되는데, 특히 번식력과 임신이 강조된다. 동물을 암컷과 수컷, 생식력의 유무로 범주화함으로써 성과 젠더의 이분법으로 동물을 개념화하고 있는 것이다. 캐스린 길레스피 지음, 윤승희 옮김,《1389번 귀 인식표를 단 암소》, 생각의길, 2019, 22~23쪽.

남은 질문들:
기후위기 담론에서 누락된
전쟁과 축산업[30]

　기후변화에 대해 국제적으로 '공통의 그러나 차등화된 책임'이 있다고 언명한 1992년 리우 지구정상회의, '기후변화협약(UNFCCC)'을 바탕으로 국가들 간의 장기적 협상의 결과를 국제법의 형태로 공식화한 2015년 파리기후협정, 그리고 개도국들의 기후재난을 선진국에서 보상해야 한다는 결정을 내린 이집트 유엔기후변화협약당사국총회(COP27)에 이르기까지 전 세계 어느 한 나라도 공식적 약정을 지키지 않았다. 기후위기에 대처하기 위한 각종 협약이나 국제법적 모색이 실질적인 변화를 이루어내지 못하는 이유를 거칠게 말하자면, 각국의 탄소감축 이행 여부를 정확히 모니터링할 수 있는 메커니즘도, 탄소감축 목표를 위반한 국가

30　이 절은 2023년 6월 9일에 민주화운동기념사업회에서 주관한 6월항쟁 36주년 기념 학술토론회에서 조효제, 〈기후-생태위기 시대의 인권과 민주주의〉에 대한 토론문, 심아정, 〈생태학살의 책임을 묻는 민주주의적 시도의 가능성과 한계: 기후위기에 대한 교차적 분석을 통한 탈사법화/재정치화를 모색하며〉를 요약, 정리한 것임을 밝힌다.

에 대한 제재도 갖추고 있지 못하기 때문이다.

국제법적인 기획과 모색들이 현실적으로 구속력을 갖지 못하는 상황에서 특히 민주주의의 근본 가치를 생태적 가치로 전환하여 생태적 통합성을 최고의 가치로 승인해야 한다는 최근의 담론들이 존재한다. 한국에서 논의되고 있는 '지구법학'과 '생태주의 헌법'을 비롯하여, 지난 수년간의 기후행동 중 가장 특징적인 현상이 사법부를 통한 기후소송 움직임이라는 것도 이런 맥락 속에 자리한다. 국제적인 합의에 대한 '불이행'과 '불처벌'이라는 한계 속에서 지금의 기후위기를 따라잡지 못하는 '법들을 법정에 세우는 방법'으로 각국의 헌법재판소에 기후소송이 이어지고 있는 것이다.

이른바 '기후과거사 청산을 위한 피해보상'의 사례로 제시된 2022년 필리핀 국가인권위원회의 권고, 즉 화석연료 메이저 기업들이 인권침해에 직접 책임이 있다는 의미 있는 판단 또한 '권고'라는 점에서 강제력을 갖지는 않는다. 그러나 무엇보다 국제법상의 변화를 견인해온 것이 다름 아닌 각국 국내 법원의 판례들이라는 점, 그리고 이러한 판례들이 국제인권규범을 만들어나가는 시발점이 된다는 점에서 각국 국내 법원들의 판례는 중요한 의미가 있고 지속적으로 주목할 필요가 있다.

기후위기에 대한 모니터링과 관련하여 역사적 누적 탄소배출량을 추산하여 기후재난의 가해 주체를 특정하는 데 도움을 주는, 자연재난에서 '인위적 기후위기'가 차지하는 몫을 찾는 '귀책연구(attribution science)'가 주목받고 있다.[31] 그렇다면 이러한 연구에 군사 활동이나 전쟁 그리고 축산업은 어느 정도 고려되고 있을까?

기후변화협약에서 각 국가가 온실가스를 얼마나 배출하고 줄일 것인지 계산할 때 군사 활동은 여전히 예외로 처리되고 있고, 1997년 교토의정서에서도 군사 부분 배출량은 집계에서 제외되었으며, 2015년 파리협정에서는 이를 자발적인 선택 사항으로 두었다.

현대의 전쟁은 기후위기를 낳은 석유 등의 화석연료, 식량, 식수 등을 확보하기 위한 것이고, 전쟁 시기 군사 활동뿐 아니라 소위 평화 시기에도 군대, 방위산업체, 군사기지는 주로 화석연료를 사용하여 엄청난 양의 온실가스를 배출한다는 점에서 기후위기는 전쟁의 원인이자 결과라고도 할 수 있다. 전쟁 중이 아니더라도 군사 활동 등으로 발생하는 온실가스 문제를 간과

---

31 '귀책연구'에 관해서는 관련 학술단체의 다음 사이트를 참조할 것.
https://www.worldweatherattribution.org/wwa-resources/

해서는 안 된다. 한국에서는 군사 시설과 군사 활동 용도의 차량은 목표관리 감축 대상에서 제외된다. 군사 부문의 온실가스 배출량은 '공공부문 온실가스·에너지 목표관리 운영 등에 관한 지침 제9조'에 따라 통계에 반영되지 않기 때문이다.[32]

기후위기와 관련된 이러한 '예외주의'는 전쟁과 군사 활동뿐 아니라 축산업에도 적용해볼 수 있다. 한국환경산업기술원에서는 '환경성적표지'제도를 운영하며 특정 제품군의 환경 영향(탄소발자국·물발자국·오존층 영향·산성비 등)을 공개하고 있다. 특히 원료채취·생산·유통·폐기 등 전 과정에서 발생하는 환경 영향을 측정하는데, 그 대상에 1차 농축수산물은 포함되지 않는다. 농림축산식품부는 '저탄소 농축산물 인증제'를 실시하여 저탄소농축산업기술을 활용하여 작물과 가축의 온실가스 배출을 줄인 경우 '저탄소' 인증을 달아준다. 그런데 농림축산식품부에서 설정한 품목 중에도 축산물은 해당되지 않는다. 축산물 품목의 탄소 배출량은 국내에서 전혀 파악되고 있지 않다고 해도 과언이 아니다.

---

32 오리, 〈기후위기, 전쟁의 원인이자 전쟁의 결과〉, 전쟁없는세상 블로그, 2022. 6. 23., http://www.withoutwar.org/?p=19183

2006년 말, 유엔식량농업기구(FAO)는 축산업이 배출하는 온실가스의 양이 전체 이산화탄소 배출량의 18%를 차지한다는 내용의 보고서를 발표했다. 이에 국내 축산업계는 크게 반발하며 "축산업 자체만의 '직접 탄소 배출량'을 계산하면 국내 전체 배출량의 약 1.3%에 불과하다."라고 주장했지만, 이는 '탄소 배출량의 외주화'를 간과하는 수치다. 한국의 축산업은 육류 30% 이상, 사료 90% 이상을 수입하기 때문에 국내에서 사육되는 가축과 국내에서 생산되는 가축사료만으로는 지탱되지 않는다.[33]

기후위기는 여러 억압체계와 연동된다는 점에서 교차적 분석이 요청된다. 교차성은 우리가 이 세상의 권력 작동과 어떤 식의 관계를 맺고 있다는 사실을 깨닫게 해주며, 다양한 억압의 기제들이 차례로 더해지는 분석이 아니라 각각의 영역들이 다른 영역들과 서로 얽히고 연결되고 맞물리며 상호작용하고 서로를 구성하고 강화하는 관계에 있음을 밝혀내는 분석틀이라는 점에서 기후위기를 둘러싼 실천적 담론을 만들어나가는 데 유용하다.

---

33 김다은, 〈'육식=기후악당?' 근거가 왜 이렇게 다른가 봤더니〉, 《시사인》 766호, 2022. 5. 23.

'민(民)'을 비인간존재로 확장할 수 있다면, 인간/국민들은 어떤 관계의 자장 속에서 비인간존재/비국민과 함께 법정 혹은 담론의 공간에 나란히 설 수 있을까? 난민화된 존재들의 전쟁경험은 어떻게 말해지고 인식되어야 할까? 비인간존재들의 전쟁경험이 국가에 의해 기념되고 전시되고 '애국'이나 '호국'으로 호명되는 것을 무비판적으로 방관해온 역사가 있다면, 기후위기를 논하는 공론장에서 전쟁과 축산업이 예외주의로 일관되고 있다면, 그러한 역사와 제도를 비판하기 위해서 어떤 논의를 시작해야 할까? 이러한 질문들이 시작되는 자리에서, 비인간존재의 전쟁경험은 가까스로 드러나게 되는 것 아닐까.

인공지능 무기는 평화를 가져올 수 있을까

:

'더 깔끔하고 확실한
승리'라는 환상을 깨고
'전쟁'과 '안보'
다시 묻기

짓는가람

인공지능,
전쟁의 문법에 지각변동을
일으키다

　　2022년 9월, 이스라엘 점령군이 팔레스타인 서안지구의 검문소에 인공지능(AI) 로봇 기관총을 설치했다는 뉴스가 들려왔다.[1] 제조사의 설명에 따르면 해당 무기는 첨단영상처리기술을 이용한 목표물의 자동 추적, 조준 및 사격이 가능한 AI시스템을 탑재하고 있는 것으로 알려졌다. 이런 무기가 인구밀도가 높고 유동인

1　Hagar Shezaf, 〈Israeli Army Installs Remote-control Crowd Dispersal System at Hebron Flashpoint〉, Haaretz, 2022. 9. 24., https://www.haaretz.com/israel-news/2022-09-24/ty-article/.premium/israeli-army-installs-remote-control-crowd-dispersal-system-at-hebron-flashpoint/00000183-70c4-d4b1-a197-ffcfb24f0000

구가 많은 지역의 중심에 설치된 것이다. 이스라엘군은 해당 무기가 시범 설치된 것으로 섬광 수류탄과 스펀지탄만 장착되어 있을 뿐 실탄은 없다고 주장하지만, 이 새로운 무기로 인해 지역 주민들이 느끼는 위협과 공포는 즉각적인 현실일 것이다. 지역의 한 인권활동가는 이 AI로봇 기관총의 설치가 "인간 통제에서 기술 통제로 전환되는 과정의 일부"이며 "이스라엘이 이로 인해 야기될 수 있는 그 어떤 결과도 책임질 수 없으면서 팔레스타인인들을 첨단군사기술의 실험 및 훈련 대상으로 삼고 있다."라고 비판했다.[2] 논의의 핵심을 좁히기 위해 군사점령이라는 근본적인 문제는 잠시 접어두더라도, 이 상황은 여러 측면의 실제적, 윤리적 질문을 우리에게 던진다. 이스라엘군과 제조사가 주장하는 AI시스템의 기능은 어떻게 검증된 것인가? 검증이 가능은 한 것인가? 어디까지 신뢰할 수 있는가? 만약 검증된 신뢰도를 가지고 있다고 한다면 문제가 없는 것인가? AI시스템은 어떤 알고리즘으로 움직이는가? 알고리즘은 모두에게 평등하게 작동하는가? 또는 어떤 존재를

2 James Rothwell, 〈Israel tests robotic machine gun at West Bank checkpoint〉, The Telegraph, 2022. 9. 26., https://www.telegraph.co.uk/world-news/2022/09/26/israel-pilots-robotic-machine-gun-west-bank-checkpoint/

더 위험에 빠뜨리는가? (모든 팔레스타인인이 이스라엘의 적으로 간주되는 상황에서) 팔레스타인 시민이 어떤 알고리즘에 따라 해당 무기의 목표물이 되어 피해를 입었다면 그 책임 소재는 어디에 있는가? AI시스템의 오류 혹은 오작동에 의한 피해가 발생한다면 그 책임은 누구에게 물을 수 있는가? 기계에게 (해당 상황에서는 아직 실행되지 않은 현실이라 할지라도) 생살여탈권을 부여하는 행위[3]는 생명의 존엄이라는 윤리적 가치에 어떤 영향을 미칠 것인가? 이 새로운 형태의 무기는 군사점령과 전쟁행위를 어떻게 변화시킬 것인가? 그 결과 전쟁과 폭력에 관한 우리의 인식과 감각은 어떻게 달라질 것인가?

철도와 전보에서부터 화약, 핵에 이르기까지 기술의 발전은 전쟁의 양상과 결과를 극적으로 변모시켜왔고, 4차 산업혁명의 거센 물결 한가운데 있는 현재에 이르러서는 인공지능과 로봇공학이 다시 한 번 군대와 전쟁의 문법을 뿌리부터 뒤흔들고 있다. 이 지각변동의 중심에는 로봇 군인이나 자동화된 무기가 인간 군인이나 수동으로 작동하는 무기보다 신속하고, 정확하고, 정밀할 것이라는 믿음과 그로 인한 효과가 더욱 확

---

3 물론 인간 역시 다른 생명체에 대한 생살여탈권을 쥔 주체가 될 수 없고, 되어서도 안 된다는 것이 필자의 입장이다.

실할 것이라는 기대, 그리고 부차적으로는 이를 통해 (우리 편) 군인 및 민간인의 인명피해를 최소화할 수 있을 것이라는 희망이 자리하고 있다. 새로운 형태의 군사적 패권을 선점하기 위한 국가 간의 치열한 경쟁 속에서 군사기술은 빠르게 자동화/자율화되고 있고,[4] 각국의 방위산업은 재편되고 있으며, 전쟁의 수행 주체와 방식 역시 점차 인간에서 기계로 무게중심이 옮겨가고 있다.[5] 2021년 미국 대통령과 의회에 제출된 공식 보고

---

4   많은 기존의 재래식 무기들도 이미 상당 부분 자율화되어 실전에 배치, 사용되고 있다. 일반적으로 무기가 목표물을 탐색, 조준, 공격하는 핵심 기능 중 일부 혹은 전체가 인간의 개입이나 통제 없이 이루어질 경우 이를 넓게 '자율(살상)무기'로 보는데, 무기체계의 작동 과정에서 부여되는 자율성의 정도에 따라 인간이 일정 단계에서 개입하는 'Human-in-the-loop', 무기체계가 독립적으로 작동하지만 고장 등 감독이 필요한 경우 인간이 개입할 수 있는 'Human-on-the-loop', 무기가 독립적으로 작동하며 인간의 개입이나 통제가 어려운 'Human-out-of-the-loop'로 구분한다. 통상 조금 더 직관적으로 킬러로봇(killer robots), 군용로봇(military robots) 등으로 칭하는 경우가 많다.

5   실제로 2001년 9·11테러를 기점으로, 직후 발발한 아프가니스탄전쟁, 2003년 이라크전쟁은 기존의 전쟁과 사뭇 다른 양상을 보였다. 일정 수준의 AI가 탑재되어 '자율무기'라고 부를 수 있는 로봇 무기 및 군사 드론이 전장에 대거 등장한 것이다. 이라크전쟁에서는 약 8,000대의 지상무인체계가 미확인물체의 식별, 통로 개척, 급조폭발물 제거 등에 운용되어 12만 5,000회 이상의 임무를 수행했다(김경수·이용운, 〈무인무기체계 및 인간의 역할

서에서 AI 국가안보위원회는 AI가 "군사적 행위의 모든 측면"을 변화시킬 것이라고 예측하며 정부에 이에 관한 국제사회의 규제 시도에 협력하지 말고 미국도 개

구분과 유·무인 복합체계〉,《국방과 기술》483, 한국방위산업진흥회, 2019, 130~132쪽). 앞서 사례로 다루었던 이스라엘의 또 다른 점령 지역인 가자지구의 경계에도 2000년대 후반부터 가디움(Guardium)이라고 불리는 무인 지상 정찰 차량이 배치·운용되었으며(Paul Scharre, 《Army of none: Autonomous weapons and the future of war》, W. W. Norton & Company, 2018, p. 102), 2016년에는 통제실에서 조종되는 기관총을 부착한 업그레이드 차량으로 대체할 계획이 알려지기도 했다(Ami Rojkes Dombe, 〈IDF to Deploy Unmanned Ground Vehicles on Gaza Border〉, Israel Defense, 2016. 9. 6., https://www.israeldefense.co.il/ en/content/idf-deploy-unmanned-ground-vehicles-gaza-border). 이 외에도 중동과 아프리카 등지 및 'ISIS(Islamic State in Iraq and Syria)' 소탕작전에 배치, 운용된 것으로 알려져 있는 미 국방부의 '프로젝트 메이븐(Project Maven)', 아프가니스탄에서 활용된 영국의 대전차미사일 '브림스톤(Brimstone)' 등 일반적으로 분쟁 지역으로 많이 알려져 있는 곳들은 거의 틀림없이 새로운 자율무기의 시험대가 되고 있다. 가장 최근에 러시아의 우크라이나 침공으로 발발하여 현재 진행형인 전쟁 역시 다르지 않아서, AI가 목표물을 추적, 자폭하는 미국의 자폭드론 '스위치블레이드(Switchblade)', 튀르키예 레이저유도폭탄 투하 무인기 '바이락타르(Bayraktar TB-2)' 등 역사상 AI 드론에 가장 많이 의존하는 강화된 AI 전쟁의 양상을 보이고 있다(Stashevskyi, O.· Bajak, F., 〈In Ukraine war, a race to acquire smarter, deadlier drones〉, AP News, 2022. 7. 14., https://apnews.com/ article/russia-ukraine-kyivtechnology-17a364a50a9d7861c59ea42 3c7491458).

발과 대응에 적극 뛰어들 것을 주문했다.[6] 이 순간에도 급변하고 있는 전쟁의 양상과 방식을 마주하고 있는 지금, 많은 전문가와 시민사회단체 및 국제기구들은 AI 무기가 여러 측면에서 전쟁의 장벽을 낮춤으로써 국제 안보를 심각하게 위협할 것이라고 지적한다. 완전한 자율살상무기는 아직까지는 완전히 도래하지 않은 미래이기에 논의의 일정 부분이 예측과 추론에 의지할 수밖에 없지만, 더 늦기 전에 자율살상무기를 포함한 AI 기술의 개발 및 활용에 대해 명확하고 세심한 법률 및 효력 있는 가이드라인을 제정할 것을 촉구하는 목소리가 높다.[7]

---

6 Leo Kelion, 〈Biden urged to back AI weapons to counter China and Russia threats〉, BBC News, 2021. 3. 1., https://www.bbc.com/news/technology-56240785

7 전문가들도 미래를 예측하기 어려울 만큼 높은 불확실성을 가지고, 하지만 빠르게 개발·운용되고 있는 AI무기체계는 이제껏 존재하지 않았던 무엇인 만큼 이를 다루고 규제할 수 있는 적절한 국내외 규범이 아직 없거나 충분하지 않은 상황이다. 2010년 초반 이슈가 대두되기 시작하며 현재 국제사회 차원에서 진행 중인 '자율살상무기체계(LAWS: Lethal Autonomous Weapons Systems)'의 규제를 위한 논의는 기존 '특정 재래식무기 금지협약(CCW: Convention on Certain Conventional Weapons)' 내 공식 정부전문가 그룹을 통해서 주도되고 있는데, 참여 당사자들의 이해관계, 특히 AI무기 개발에 열을 올리며 새로운 군비경쟁을 가속화하고 있는 국가들의 비협조적 태도로 인해 진전은 더디기만 하다. LAWS에

주요 우려 및 비판 지점들을 정리해보면, 가장 우선적으로 책임과 윤리의 문제가 있다. 전투 과정에서 로봇에 의해 발생하는 불법적(즉, 허가되지 않은) 살상을 어떻게 예측할 것이며 누가 책임질 것인가?[8] 인간은 입력과 결과만 알 수 있을 뿐 중간 과정에서 AI알고리즘이 어떻게 작동해서 그 결과에 이르렀는지는 알기가 어렵다. AI가 고도화될수록 개발자조차 결과 예측이 불가능하기 때문에 전문가들은 그 가려진 과정을 '블랙박스'라고 부른다. 같은 이유로 전장에서 불법적 살상이 발생했을 경우 표적 탐지, 확인, 추적, 조준, 교전·공격하는 AI무기의 자율운용 과정 중 어느 단계에서 오

관한 지역 및 국제사회 차원의 대응과 관련하여 구체적 내용 및 한계를 지적하는 논의를 위해서는 가람, 〈인공지능이 무기와 만나면?〉, 가람 외, 《평화는 모두의 권리: 첨단기술과 평화권 애드보커시》, 피스모모, 2021, 40~58쪽, https://www.momofips.org/archive/?q=YToxOntzOjEyOiJrZXl3b3JkX3R5cGUiO3M6MzoiYWxsIjt9&bmode=view&idx=13323500&t=board; 임예준, 〈인공지능 시대의 전쟁자동화와 인권에 관한 소고-국제법상 자율살상무기의 규제를 중심으로〉, 《고려법학》 92, 고려대학교 법학연구원, 2019 등을 참조.

8 송윤선, 〈인공지능과 로봇의 군사적 활용과 선행 과제〉, 《Journal of The Korean Institute of Defense Technology》 3(2), 2021, 4쪽; 김현주, 〈[제2세션 발표] 신무기와 국제인도법의 적용: Autonomous Weapon Systems(자율무기체계)를 중심으로〉, 《인도법논총》 38, 대한적십자사 인도법연구소, 2018; 가람, 같은 글, 40~41쪽.

류가 났는지, 고의 또는 과실이 개입되어 있는지 등을 정확하게 분석하는 것은 거의 불가능할 것으로 예상되며, 그 책임이 설계한 연구자, 제작한 엔지니어, 관리 감독한 운용자 또는 지휘관 등 누구에게 귀속되어야 하는지 역시 불투명하거나 쉽게 회피될 가능성이 높다.

그러나 그보다 근본적인 문제는, AI가 접목된 전쟁 기술이 전쟁의 문턱을 심각하게 낮출 것으로 예측된다는 점이다. 그 근거는 여러 가지인데, 기본적으로는 전장에 인간 전투원 대신 로봇이 투입되는 전쟁은 군인의 인명피해를 줄일 수 있다는 점에서(민간인 및 상대 진영 전투원의 인명피해는 논외로 한다.) 통수권자 및 정치인의 입장에서는 전쟁을 결정하고 시행하는 데 있어 위험부담이 훨씬 줄어드는 효과를 갖기 때문이다.[9] 심지어 아직 관련하여 강력한 법적 효력을 갖는 국내외 규제 장치가 없거나 모호한 현재 상황에서는 더욱 그러하다. 반면 전장에서 발생하는 전투원의 인명피해를 포함하여 기존과는 달라진 전쟁의 모습은 전쟁터에서 발생하는 폭력을 대중들의 감각과 관심에서 멀어지게 함

---

[9]   Johnson, J., 〈Artificial intelligence & future warfare: implications for international security〉, 《Defense & Security Analysis》 35(2), 2019, p. 7; 조현석, 〈인공지능, 자율무기체계와 미래 전쟁의 변환〉, 《21세기정치학회보》 28(1), 21세기정치학회, 2018, 134쪽.

으로써 대중의 전쟁 억지력은 낮아지게 될 위험이 높다.[10] 전장에서 발생하는 폭력의 생생한 감각으로부터 상대적으로 멀어지는 것은 전투원 역시 마찬가지일 수 있다. 모든 전투원의 경험을 보편화할 수는 없겠지만, 피터 싱어는 전장에서 분리된 채 기계를 조종하여 작전을 수행하는 전쟁에서 군인들이 "플레이스테이션 심리(PlayStation-mentality)"[11]를 갖게 될 수 있다고 경고한 바 있다.[12] 전장에서 멀리 떨어진 곳에서 마치 '게임처럼' 로봇을 조종하거나 지켜보면서 작전을 수행할 경우 전쟁에 참여 중이라는 의식이 있다고 하더라도 죄책감이나 부담감은 상대적으로 낮아지기 쉽기 때문이다. 무기의 자율화 수준이 높아져서 폭력의 집행이나 살상의 과정에 필요한 군인들의 개입 정도가 줄어들수록 개인이 감당해야 하는 부정적인 감각은 더욱 낮아

---

10 Haner, J. · Garcia, D., 〈The artificial intelligence arms race: Trends and world leaders in autonomous weapons development〉, 《Global Policy》 10(3), 2019, p. 332; 조현석, 같은 글, 134쪽.

11 피터 W. 싱어 지음, 권영근 옮김, 《하이테크 전쟁: 로봇혁명과 21세기 전투》, 지안, 2011.

12 한 미국 해병대의 로봇 프로젝트 담당자는 "저희는 소니 플레이스테이션(PlayStation) 게임기를 본뜬 조종기를 만들었습니다. 18~19세 해병대원들은 오랫동안 이 게임기를 갖고 놀았으니까요."라고 말했다(피터 W. 싱어, 같은 책, 107쪽).

질 것이다. 즉, AI전쟁은 지휘관이나 통수권자, 전투원, 일반 대중에 이르기까지 직간접적으로 전쟁에 관련된 거의 모든 이들의 책임감을 경감시키고 폭력에 대한 감각을 둔화시키는, 그렇게 함으로써 전쟁 억지력을 다방면에서 낮추는 실제적이고 치명적인 결과를 초래할 수 있다.

특히 AI는 기술 개발 및 활용에 있어서 민간 및 군사 영역의 경계가 모호한 "이중 활용(dual use)"[13]적 특성을 갖는다는 점에서 진입 장벽이 더욱 낮다. 기존의 군사기술 및 방산 영역은 보안 이슈로 인해 상대적으로 규제와 진입 장벽이 높았던 반면, AI군비경쟁의 국면으로 접어들면서 민간 영역의 데이터와 빠르게 발전하는 기술이 필요해진 군대는 대학 및 연구소, 스타트업 등 민간 영역 행위자들을 방산 분야로 끌어들이기 위해 규제 및 절차를 간소화하고 협력 기회를 제안

---

13 '이중 활용'은 기술의 군사적 또는 상업적 사용을 의미한다. AI와 자율 시스템의 경우, 국방과 상업 기업은 사실상 동일한 인재 풀을 놓고 경쟁하며, 이러한 노력을 지원하기 위해 유사한 인프라와 하드웨어를 사용한다. Johnson, J., 같은 글, pp. 147-169. 실제로 한국, 미국, 중국 등 여러 나라에서는 이미 AI무기체계 개발을 위한 다양한 민군 합동(civil-military fusion) 프로젝트가 활발하게 시행되고 있다.

하는 등 필사적인 노력을 기울이고 있다.[14] 이는 고성능 AI무기의 현실화를 가속화함과 동시에 전쟁의 장벽을 더욱 낮추고 있다. 더불어 이렇게 개발된 AI를 탑재한 무기는 상대적으로 저비용 대량생산이 가능하기 때문에 국가는 물론 독재자나 테러조직 등 대규모 군대가 없는 비국가 주체들도 손쉽게 입수할 수 있다. 전쟁 억지력은 낮아지는 상황에서 전쟁을 시작하기는 더 쉬워지는 것이다. 혹은 이미 벌어진 전쟁에 여러 비국가 주체들이 가담하여 폭력 상황이 확대되거나 악화될 가능성도 높아진다.[15]

---

14   장원준·신경수·송재필, 〈[국방연구개발 50주년, 미래를 기획하라! (6)] 미국 방위산업의 최근 동향과 시사점-뉴 디펜스(New Defense) 시대의 시작〉, 《국방과 기술》 500, 한국방위산업진흥회, 2020, 48쪽, 53쪽; 최근하·오재진·김영길, 〈美 국방부 및 육군의 인공지능(AI) 전략이 한국군에 주는 시사점〉, 《한국방위산업학회지》 27(1), 한국방위산업학회, 2020, 43쪽.

15   Johnson, J., 같은 글, p. 7; 조현석, 같은 글, 134쪽.

누군가에게는 또 다른 전장,
국경과 감옥 그리고 인공지능

빈부격차, 내전, 테러, 전쟁, 박해, 젠더폭력, 질병, 기후위기 등 커져만 가는 전 지구적 위협 속에서 사람들의 삶에 가해지는 위협은 급속도로 증가하고 있지만,[16] 그 영향은 결코 모두에게 평등하지 않다. 가장 가혹한 조건으로 내몰리는 것은 이미 취약한 삶의 조건 속에 놓여 있던 사람들이며, 직면한 위협으로부터 급박하게 탈출하기 위해, 아주 조금이라도 더 나은 삶의 조건을 위해, 수많은 사람들이 합법과 불법의 경계 위에서 국경을 넘나든다. 그리고 재난과 위기로부터 (아직까지는) 상대적으로 안전한 서구 사회는 최근 20년 사이 더 강력하게 빗장을 걸어 잠그기 시작했고, 국경 지대 등에는 각종 첨단기술로 무장한 감시 및 통제 시스템이 설치, 운용되기에 이르렀다.[17] 미국 이민세관집행국

---

16   이 글에서는 다루지 못하지만 이러한 위협 속에서 비인간동물/비인간존재가 처하게 되는 현실 역시 엄중하게 인식되고 다루어져야 하는데, 바로 앞 장에 이에 대한 깊이 있는 글이 실려 있다.

17   Vallet, É. · David, Charles-Philippe, 〈Introduction: The (Re)Building of the Wall in International Relations〉, 《Journal of Borderlands Studies》 27(2), 2012; Little, A. · Vaughan-Williams, N., 〈Stopping boats, saving lives, securing subjects: Humanitarian borders in Europe

은 2018년 테크 기업들과 합작하여 사람들의 소셜 네트워크 데이터를 수집, 대상의 이민 허가 적합성 심사 업무에 활용할 계획을 밝혔고 수십 명의 AI과학자들이 이를 비판하는 성명을 발표했지만 이 계획을 막지는 못했다.[18] 유럽도 상황은 크게 다르지 않다. EU는 소속 국가들의 국경 검문 업무 자동화 및 불법입국/테러 대응을 목적으로 '아이보더컨트롤(iBorderCtrl)'이라는 AI검문시스템을 도입, 2016년부터 그리스와 라트비아, 헝가리 국경에서 시범 운영했는데, 해당 시스템에는 입국 희망자들의 거짓말을 감지하기 위해 미세한 움직임 변화를 포착해서 분석하는 자동화된 기능이 탑재되어 있었다. 즉, AI의 질문을 무사히 통과한 사람은 국경을 넘을 수 있었지만 통과하지 못하면 인간 담당관에게 인계되어 대면심사를 받아야 했던 것이다.

그러나 유럽의 아이보더컨트롤은 시스템에 적용된 AI가 "이성애 중심적이고 성차별적이며 인종차별

and Australia〉,《European Journal of International Relations》23(3), 2017; Hall, L. · Clapton, W., 〈Programming the machine: Gender, race, sexuality, AI, and the construction of credibility and deceit at the border〉,《Internet Policy Review》10(4), 2021.

18 Gebru, T., 〈Race and gender〉,《Oxford handbook on AI ethics》, 2019, p. 24.

적인" 편향을 내재하고 있으며, 따라서 기존에 그러한 형태의 폭력과 박해에 노출된 경험이 있는 성소수자나 망명 신청자들을 폭력과 박해가 있는 곳으로 돌려보내는 결과를 초래한다는 날카로운 비판에 직면했다. EU 국경에서 AI가 감지·예측한 "위험, 범죄 관련성, 합법성"이라는 것은 결국 "인종, 계급, 젠더, 장애차별" 등 기존 사회가 가지고 있는 편향의 영향에서 자유롭지 못한 "젠더화되고 인종화된 안보 논리"에 의해 구성된 결과라는 것이다.[19, 20] 이미 존재하는 편향을 내재하고 있는 AI알고리즘이 입국심사 과정에 접목될 경우, 사회적으로 이미 차별의 대상이었던 외국인 등 소수자나 취약계층은 국경을 통과하기에 적합하지 못한 존재 혹은 위험인자로 분류될 가능성이 높다.[21] 추후 EU는 아이보더컨트롤과 같이 "이민, 망명 및 국경 통제 관리에 사용되는 AI시스템은 특히 취약한 위치에 있고 관할

19   Hall, L.·Clapton, W., 같은 글.

20   추가 논의를 위해서는 Silverman, S. J.·Kaytaz, E. S., 〈Examining the 'National Risk Assessment for Detention' process: an intersectional analysis of detaining 'dangerousness' in Canada〉, 《Journal of Ethnic and Migration Studies》 48(3), 2022. 참조.

21   Gebru, T., 같은 글, p. 24; 오요한·홍성욱, 〈인공지능 알고리즘은 사람을 차별하는가?〉, 《과학기술학연구》 18(3), 한국과학기술학회, 2018, 192쪽.

공공기관의 조치 결과에 의존할 수밖에 없는 사람들에게 영향을 미친다."라고 판단했고,[22] 결국 2019년 신뢰성 및 인권침해 등의 이유로 운영을 중단했다.[23]

죄수의 형량 책정 및 보석 허가 여부 등을 판단함에 있어 AI를 적극 활용하는 것으로 알려져 있는 미국의 형사사법체계 사례에서도 비슷한 문제를 쉽게 발견할 수 있다. 플로리다, 시카고 등에서 사용하는 콤파스(COMPAS)[24]시스템은 흑인들의 재범 확률은 실제보다 높게, 백인들의 재범 확률은 실제보다 낮게 예측하는

22 European Committee of the Regions, 〈Opinion of the European Committee of the Regions-European approach to artificial intelligence-Artificial Intelligence Act (revised opinion) (2022/C 97/12)〉, 《Official Journal of the European Union》, 2022. 2. 28., p. 63, https://eur-lex.europa.eu/legal-content/EN/TXT/PDF/?uri=CELEX:52021AR2682&from=EN

23 European Commission, 〈Smart lie-detection system to tighten EU's busy borders〉, 2018. 10. 24., https://ec.europa.eu/research-and-innovation/en/projects/success-stories/all/smart-lie-detection-system-tighten-eus-busy-borders; Umberto Bacchi, 〈EU's lie-detecting virtual border guards face court scrutiny〉, Reuters, 2021. 2. 5., https://www.reuters.com/article/europe-tech-court-idUSL8N2KB2GT

24 '대체 제재를 위한 교정범죄자 관리 프로파일링(Correctional Offender Management Profiling for Alternative Sanctions)'의 줄임말.

것으로 나타났다.[25, 26] 로스앤젤레스, 시애틀 등에서 경찰에 의해 활용되는 AI시스템인 Predpol[27] 역시 비슷한 인종 편향으로 인해 흑인 거주 지역을 범죄 다발 지역으로 예측함으로써 기존의 불평등을 악화시킨다고 비판받은 바 있다.[28] 이런 경우 경찰은 실제 범죄 발생률과 관계없이 흑인 거주 지역으로 더 자주 출동하게 되고 결과적으로 더 많은 흑인을 체포하게 될 것으로 예상할 수 있는데, 실제로 미국 캘리포니아에 위치한 또 다른 도시 오클랜드의 경우 약물 사용에 관한 설문 결과는 도시 전체에서 고른 분포를 보이는 반면 경찰에 신고된 대다수의 사건은 흑인 거주 지역에 집중되어

25 구체적으로 COMPAS는 흑인 재소자들의 재범률을 백인보다 두 배 가까이 높게 예측했다. 그러나 실제로는 재범률이 높다고 분류되었으나 재범을 저지르지 않은 흑인은 44.9%(백인은 23.5%), 재범률이 낮다고 분류되었으나 재범을 저지른 백인은 47.7%(흑인은 28.0%)로 나타났다.

26 Angwin, J. · Larson, J. · Mattu, S. · Kirchner, L., 〈Machine Bias: There's software used across the country to predict future criminals. And it's biased against blacks〉, ProPublica, 2016. 5. 23., https://www.propublica.org/article/machine-bias-risk-assessments-in-criminal-sentencing

27 '예측 치안(Predictive Policing)'의 줄임말.

28 Kristian Lum · William Isaac., 〈To predict and serve?〉, 《Significance》 13(5), 2016, pp. 14-19.

있는 것으로 보고된다.[29]

　이러한 일련의 사례들은 인공지능과 무기체계 또는 안보시스템의 결합이라는 새로운 전쟁체제의 출현을 젠더와 인종이라는 관점에서 바라보았을 때 우리에게 어떤 새로운 질문들이 필요한지를 고민하게 만든다. 사회의 다른 많은 공적 영역에서 그러했고, 특히 안보 영역에서는 더욱 도외시되었던 질문들을 말이다. 인공지능은 기본적으로 인간 사회의 축적된 지식과 경험을 양분으로 결괏값을 도출해낸다. AI를 설계하고 만드는 이도, 운용하는 이도, 학습 대상이 되는 데이터를 제공하거나 만들어내는 이도 모두 인간이기 때문에, 그 결과물인 AI는 인간이 가진 편향으로부터 자유로울 수 없다는 근본적인 한계를 갖는다. 민간 영역에서 AI를 활용한 기술 또는 의사결정의 '편향성(bias)', 즉 "AI시스템이 개인 또는 집단에 대해―특히 불공정하다고 간주되는 방식을 통해―내리는 결정에서 드러나는 경향 또는 편견"[30]이 그 사회에 만연한 차별과 편견을 재생산하거나 더욱 강화하는 결론에 이르러 논란이

29　Gebru, T., 같은 글, p. 8.

30　Ntoutsi, E., et al., 〈Bias in data-driven artificial intelligence systems – An introductory survey〉, 《Wiley Interdisciplinary Reviews: Data Mining and Knowledge Discovery》 10(3), 2020. 2. 3.

된 사례는 이미 여러 나라에서 꽤 많이 지적된 바 있다. 2020년 독일의 비영리단체인 알고리즘워치(Algorithm Watch)가 진행한 한 실험에서, '구글 비전 클라우드'는 비접촉식 체온계를 쥔 손의 이미지를 판별하는 작업에서 손의 피부색이 밝은 경우에는 체온계를 '전자 기기(electronic device)' 또는 '단안 망원경(monocular)'으로 분류했지만 같은 이미지의 손 피부색을 어둡게 보정하자 '총(gun)'으로 분류했다.[31] 2011년 애플사의 AI '시리'가 출시되었을 때, 시리는 성매매업소나 비아그라 밀매상의 위치는 찾아도 임신중단 클리닉은 찾지 못했고, 심장마비의 의미는 알았지만 '강간당했다'는 말의 의미는 알지 못했다.[32] 2016년 3월 마이크로소프트사가 소셜 네트워크 플랫폼인 트위터를 통해 공개한 AI챗봇 '테이(Tay)'[33]는 히틀러 옹호, 홀로코스트 및 9·11 테러

31 Nicolas Kayser-Bril, 〈Google apologizes after its Vision AI produced racist results〉, Algorithm Watch, 2020. 4. 8., https://algorithmwatch.org/en/google-vision-racism

32 캐럴라인 크리아도 페레스 지음, 황가한 옮김, 《보이지 않는 여자들: 편향된 데이터는 어떻게 세계의 절반을 지우는가》, 웅진지식하우스, 2020, 226쪽.

33 이 글에서 다루지는 않았으나 18~24세 미국 청소년을 타깃으로 만들어진 AI챗봇 '테이'의 성별이 '여성(her)'으로 설계되었다는 사실도 눈여겨보아야 할 지점이다.

에 관한 부적절한 언급, 여성 혐오, 무슬림 혐오, 이민
자 혐오 등을 드러내는 발언들을 쏟아낸 끝에 서비스
개시 24시간이 채 지나지 않아 운영이 종료되었다. 테
이의 이러한 발언은 일부 트위터 유저들의 데이터 어
뷰징과 트위터에 이미 널리 퍼져 있던 혐오 게시물들
을 테이가 학습한 결과였다.[34] 한국에서 2020년 12월
출시 3주 만에 80만여 명의 이용자를 끌어들이며 화제
가 되었던 AI챗봇 '이루다' 역시 이 문제에서 자유롭지
못했다. 실제 사람들의 대화를 활용하여 "최대한 사람
을 닮도록 기획 및 개발"된 "사람 같은 AI"인 이루다[35]
는 대화의 상대가 분명히 기계(AI)임에도 대화가 '진짜
사람'과 하는 것처럼 실감이 난다는 점에서 큰 인기를
얻었지만, 바로 그 '진짜 사람 같은' 점 때문에 출시 후
일주일이 채 지나지 않아 인기보다 더 큰 논란과 비판

34 Paul Mason, 〈The racist hijacking of Microsoft's chatbot shows
how the internet teems with hate〉, 《The Guardian》, 2016. 3. 29.,
https://www.theguardian.com/world/2016/mar/29/microsoft-tay-
tweets-antisemitic-racism; Elle Hunt, 〈Tay, Microsoft's AI chatbot,
gets a crash course in racism from Twitter〉, 《The Guardian》, 2016.
3. 24., https://www.theguardian.com/technology/2016/mar/24/tay-
microsofts-ai-chatbot-gets-a-crash-course-in-racism-from-twitter

35 이루다 공식 홈페이지 〈루다 정보〉, https://luda.ai/faq

에 직면했다.[36] 한국 사회가 가지고 있는 성소수자, 장애인, 임신부, 흑인 등 다른 특정 인종 및 민족 등에 대한 편향을 그대로 학습한 이루다는 관련 언급이 나왔을 때 부정적이거나 혐오적인 반응을 보였을 뿐 아니라, "남자다운 것은 박력 있고 터프한 것, 여자다운 것은 귀엽고 아기 같은 것"과 같이 성차별적인 인식도 여과 없이 드러냈던 것이다.[37]

---

36 역시 이 글에서 다루지는 않지만 이루다 캐릭터가 '이성애 커플의 대화'를 데이터로 학습한 '20대 여성 대학생'으로 설계, 재현되어 있다는 사실 자체가 "이성애 중심의 남성 판타지에 잘 맞는, 상냥하고 순종적인 여성상"(이광석, 〈챗봇 '이루다'가 우리 사회에 남긴 문제-인공지능에 인권 매뉴얼 탑재하기〉,《문화과학》통권 제105호, 문화과학사, 2021, 189쪽.)을 반영한 것이며 "여성화된 서비스를 사용하거나 여성 자체를 성 상품화하는 것이 익숙한 문화에서 나온 상상력"(손희정)이라고 비판받기도 했다(이효석, 〈'인공지능 여성'마저 성착취…"안전한 알고리즘이 필요하다"〉, 연합뉴스, 2021. 1. 8., https://www.yna.co.kr/view/AKR20210107153351017에서 재인용). 관련해서는 이광석, 같은 글, 183~198쪽; 이효석, 같은 글; 심지원, 〈코르셋에 갇힌 인공지능: 사람들은 윤리적인 '이루다'를 원할까〉,《젠더법학》12(2), 한국젠더법학회, 73~76쪽 등을 참조.

37 김영화, 〈'이루다'가 멈춘 곳이 '우리의 현재'〉,《시사인》, 2021. 2. 3., https://www.sisain.co.kr/news/articleView.html?idxno=43807; 박하정, 〈우리 AI가 달라졌어요? 돌아온 '이루다'와 대화해 봤습니다〉, SBS 뉴스, 2022. 3. 23., https://news.sbs.co.kr/news/endPage.do?news_id=N1006683688&plink=COPYPASTE&cooper=SBS NEWSEND

더 '깔끔한' 전쟁,
더 '공정한' AI라는 환상을 깼을 때
비로소 들리는 질문들

이처럼 AI알고리즘을 활용한 의사결정 과정 및 결과는 인간 사회에 현존하는 편향을 재생산하거나 심지어는 더욱 강화함으로써 이미 소외되고 차별받고 있는 존재들에 대한 구조적 차별과 폭력을 지속·증폭시키는 결과를 야기할 가능성이 높고,[38] 실제 다양한 영역의 사례들에서도 증명되었다는 점에서[39] '기계는 이익에 휘둘리거나 감정적이 될 수 있는 인간에 비해 공정할 것'이라는 신화는 더 이상 유효하지 않다. AI전쟁이 폭력의 절대량을 줄이고 양상을 더 깔끔하게 만들 것이라는 환상 역시 마찬가지다. 그렇다면 이 지점에서 다음 질문이 생긴다. 개발 단계에서 개발자 및 데이터

---

38 Gebru, T., 같은 글; Ntoutsi, E., et al., 같은 글.

39 미첼 바첼렛 유엔 인권최고대표는 "(AI를 활용하여) 국가 및 민간 행위자들에 의한 전례 없는 수준의 감시가 지구 전역에서 벌어지고 있다."라고 지적하며, 이는 인권과 양립할 수 없기에 적절한 안전장치가 마련될 때까지 국가들이 AI시스템의 판매와 사용을 중단해야 한다고 권고한 바 있다(〈Urgent action needed over artificial intelligence risks to human rights〉, United Nations, 2021. 9. 15., https://news.un.org/en/story/2021/09/1099972).

에 의해 개입되는 편향 및 차별적 관점이 문제라면, 그러한 한계를 최대한 예상하고 제거하면 문제가 해결되는 것 아닐까? 기술의 불완전성이 문제라면, 기술을 더 발전시켜서 정교하게 만들면 되는 것 아닐까?

실제로 앞서 다룬 '이루다'의 경우, 사회적 논란으로 서비스가 중단된 이후 1년 9개월 만에 새롭게 출시된 버전에서는 기존에 문제가 되었던 혐오 발언들이 상당수 제거되어 윤리적으로 "성장한" 모습을 보였다.[40] 최근 전 세계의 이목을 끌고 있는 챗지피티(ChatGPT) 역시 초기 AI챗봇들에 비해 상대적으로 굉장히 높은 수준의 윤리성을 보여주며 대중의 감탄을 자아내기도 한다. 그러나, 그럼에도 불구하고 '블랙박스'로 비유될 만큼 불투명하고 복잡한 AI알고리즘의 딥러닝 과정에서 개발자조차 고려하거나 예상하지 못한 문제는 언제든지 발생할 수 있다고 전문가들은 경고한다.[41] 따라서 경험적으로 알고 있거나 논란이 예

---

40   이우연, 〈"오랜만~, 장애인 시위 어떻게 봐?" 돌아온 이루다에게 물었다.〉, 《한겨레》, 2022. 10. 27., https://www.hani.co.kr/arti/society/society_general/1064616.html

41   Ronald Yu · Gabriele Spina Alì, 〈What's inside the black box? AI challenges for lawyers and researchers〉, 《Legal Information Management》19(1), 2019, pp. 2-13.

상되는 편향적 데이터를 제거하는 등의 단순한 기술적 조처로는 끊임없이 스스로 학습하는 AI의 예상 밖의 예외(이상) 행동·현상의 발생을 통제할 수 없다는 것이다.[42] 이광석 서울과학기술대학교 IT정책전문대학원 교수는 딥러닝 기반의 AI는 그것을 만든 사회 모집단을 학습하고 모방하며 닮아가기 때문에 "무결점의 딥러닝기술은 불가능"하며, 설사 데이터 수집 및 개발 단계에서 젠더·인종 편향 등 데이터 오염을 이중으로 차단한다고 하더라도 "운영 중 (AI의) 2차 학습 과정에서 발생하는 차별과 혐오의 사회문화적 편향과 어뷰징을 전부 제거하기란 쉽지 않다."라고 지적한다.[43] 챗지피티를 '착한 인공지능'으로 만들기 위해 2달러 미만의 시급을 받으며 PTSD에 시달릴 만큼 유해한 폭력적이고 성차별적이며 인종차별적인 텍스트를 직접 읽고 라벨링해야만 했던 케냐 노동자들의 이야기는 논외로 하더라도 말이다.[44]

42 최민영, 〈혐오 내뱉은 AI, 예견된 '윤리 둔감증'〉, 《한겨레》, 2021. 1. 10., https://www.hani.co.kr/arti/economy/it/978123.html

43 이광석, 같은 글, 183~198쪽.

44 Billy Perrigo, 〈Exclusive: OpenAI Used Kenyan Workers on Less Than \$2 Per Hour to Make ChatGPT Less Toxic〉, 《Time》, 2023. 1. 18., https://time.com/6247678/openai-chatgpt-kenya-workers/

인간 사회에 존재하는 모든 편견과 차별, 혐오가 한순간 사라지지 않는 한 AI는 젠더와 인종에 대한 편향을 필연적으로 내재할 수밖에 없다면, 또한 의도적·비의도적 데이터 오염으로부터 자유로울 수 없다면, 이런 기술을 어떤 목적으로든 살상무기에 접목시키는 것이 정당성을 가질 수 있을까? 이런 질문을 폭주하는 AI 군비경쟁 판에 집요하게 던지는 것은 매우 중요하다. 그러나 그보다 더 근본적인 질문은, 기존의 남성중심적이고 전통적인 기술과 군사 안보 프레임에서 완전히 벗어났을 때에야 비로소 가능할 것이다. 예상되는 기술적, 윤리적 문제를 어떻게 '극복'해서 새로운 AI기술과 군비경쟁에서 승기를 잡을 것인지를 고민하는 관점은 물론이고, AI무기의 개발과 활용에 비판적인 관점의 경우에도 그 전제와 결론에는 '무기를 통한 평화와 안보'의 개념이 뿌리 깊게 자리하고 있기 때문이다. 이 프레임 안에서 질문과 답을 찾으려고 할 때 우리는 '불가피한' 전쟁에서 '더 깔끔하고 확실하게' 승리하는 방법을 더 정교한 AI기술 발전에서 찾을 수 있을 것이라고 희망하는 오류에 빠지기 쉽다. AI무기가 얼마나 '더 적은 부수적 피해'와 '더 인도적인(?)' 전쟁을 만들어낼 수 있을지를 앞다투어 찬양하며 군비경쟁에 열을 올리는 동안, 폭력의 원격성과 추상성은 점점 증가하고 그럴수록 폭력의 발생 가능성과 파괴력은 비례해서 자라난다. 미국의 군축활동가 레이 어체슨은 "무기가 권력, 폭력, 타인의 종속을 위한 도구로 활용되는 상황에서, 폭력의 원격성(remoteness)과 추상성(abstraction)을 높이는 것은 답이 아니다. 폭력과 분쟁은 새로운 무기기술로 '해결'하려는 기술적 시도가 아니라 사회제도를 통해 다루어져야만 한다."라고 지적한다.[45]

전쟁을 더 깔끔하게 만들기 위해 이 세계가 들이는 만큼의 노력을 전쟁을 더 적극적으로 '예방하거나 멈추는 데' 쏟을 수 있다면 어떨까? 마치 인간의 본성에 관한 인류의 오래된 질문처럼, 전쟁이 없는 세상은 정말 불가능한가? 그런 상상이나 사고의 전환을 가로막는 것은 무엇인가? '부수적 피해(collateral damage)'는 전투 목적의 달성 과정에서 발생하는 민간 피해를 지칭하는 군사용어다. 우리는 어떤 기준으로, 왜 '부수적 피해'를 허가하거나 용납하는가? 왜, 어떻게 어떤 존재는 '부수적'인 것으로 치부될 수 있는가? 전투와 아무런 관련이 없는 누군가의 삶과 생명의 파괴를 '군사적 목적을 위해서는 어느 정도 감수되어야 하는 불가피한 것'으로

---

45 Acheson, Ray, 〈Gender and bias: What does gender have to do with killer robots?〉, Stop Killer Robots, 2021, p. 25.

전제하는 이러한 사고방식을 우리 사회는 왜 자연스럽게 허용하고 있는가? 그 어떤 생명도 '부수적'인 것으로 평가되거나 폭력의 대상이 되지 않는 곳으로 이 세계를 변화시키고자 하는 노력이 나이브한 이상주의자들의 몽상으로 평가 절하되는 이유는 무엇인가? 이 세계는 꼭 지금과 같아야만 하는가? 지금과 같은 시스템이 유지될 때 이 세계는 존속할 수 있을 것인가?

주디스 버틀러는 《비폭력의 힘》에서 폭력이 늘 순환 중에 있었다고 하더라도 그것이 불가피하다고 결론 지어야 하는 이유가 있는지를 반문한다.[46] 전쟁과 폭력, 대항폭력과 안보를 이야기할 때 흔히 인류 역사를 증거로 내밀며 폭력이나 전쟁이 늘 있어왔고 따라서 이는 어쩔 수 없는 것이라고 주장하거나, 심지어는 인간의 폭력적 본성이라는 본질주의적 추론에 기대기도 한다. 그러나 버틀러는 "할 수 있는 일의 현실주의적 한계라고 간주되는 것들을 뛰어넘어서 사고하는 일이, 지금 이 순간의 우리에게는 윤리적 의무이자 윤리적 욕구"라고 제안한다.[47]

---

46 주디스 버틀러 지음, 김정아 옮김, 《비폭력의 힘: 윤리학-정치학 잇기》, 문학동네, 2021, 20쪽.

47 주디스 버틀러, 같은 책, 46쪽.

좀처럼 믿을 수 없다는 말투로 "전 지구적 의무를 믿는다고? 너무 나이브한 것 같은데?"라고 물어오는 사람들이 있다. 하지만 내가 "그러면 당신은 전 지구적 의무를 옹호하는 사람이 아무도 없는 세계에서 살기를 원하나?"라고 반문하면, 대개 "아니다."라는 답이 돌아온다.[48]

평화는 무기로 살 수 없다. 더 첨단화되고 더 정교하며 더 깔끔한 외양의 무기로는 더더욱 살 수 없다. 그렇다면 (도래할지 하지 않을지 알 수 없지만 다들 할 것이라고 주장하는) 적의 위협으로부터 나/우리를 지키기 위해 무엇을 해야 하느냐고 질문한다면, 국내외적으로 제기되는 정치적, 윤리적 비판들을 어떻게든 피해가며 전쟁을 '가능한 것'으로 만들려는 노력만큼, 전쟁과 폭력을 '불가능한 것'으로 만들려는 노력을 이 세계가 얼마나 해왔는가를 우리 모두에게 되묻고 싶다. 지금 우리에게 더욱 많이 필요한 것은 "치명적 살상무기를 휘두르는 국가들과 같은 가장 강력한 행위자들의 관점이 아닌, 폭력의 연속선에서 불균형하게 피해를 당하고 있는 소외된 이들의 관점에서 평화가 무엇인지를 질문"하는

<hr />

48 주디스 버틀러, 같은 책, 63쪽.

것이다.[49]

지금과 같은 상황에서 함께 총을 내리는 것이 가능한 일이냐고 반문한다면, 그렇게 함으로써 평화를 도모하는 것이 가능하냐고 묻는다면, 놀랍게도 그건 이미 인류 역사에서 수없이 있어왔던 — 전쟁과 군사적 긴장을 불가결한 것으로 유지하려는 노력만큼은 아니었을지라도 — 일이라고 답하겠다. 전 세계의 시민사회 단체들이 주도하여 이끌어낸 대인지뢰금지협약(MBT, 1999)이 그렇고, 확산탄금지협약(CCM, 2008)이 그렇다. 핵무기금지조약(TPNW, 2021)이 그렇고, 양심적 병역거부가 그렇고, 전쟁 시기마다 반드시 등장했던 비폭력 반전시위들이 그렇다. 비록 여러 가지 한계가 있더라도, 지금까지 전쟁과 폭력으로 치우친 인류의 역사를 아주 조금이라도 평화와 공존의 방향으로 틀 수 있었다면 그건 바로 그런 '이상주의자'들의 포기하지 않은 상상과 실천 덕분이었을 테다. 과거가, 역사가 어떠했다 한들 미래의 역사는 현재 이 순간을 살아가고 있는 우리가 무엇을 상상하고 실천하는가에 따라 달라질 것이다. 만약 전쟁을 더 깔끔하고 정밀하게 만들고

49　True, J., 〈Continuums of violence and peace: a feminist perspective〉, 《Ethics & International Affairs》 34(1), 2020, p. 87.

자 하는 노력 대신 전쟁을 멈추고 현재와 같은 폭력으로 얼룩진 안보시스템 자체를 공존의 방향으로 바꾸어 내고자 하는 노력을 그만큼 할 수 있었다면 인류의 역사는 어땠을까? 지금은 너무 늦었을까? 현재의 우리는, 어떤 선택을 할 수 있을까, 혹은 해야만 할까. 고백건대 필자는 인공지능이나 무기에 대한 전문가가 아니며, 다만 평화활동가로서 전쟁체제를 영속시키는 군사주의적 이데올로기와 무기산업에 대한 문제의식을 이어오고 있을 뿐이다. 아직 충분히 벼리지 못한 갈급함으로 절반만 쓰인 이 글의 완성은, 부족하나마 이 글을 읽고 더 많은 상상과 질문, 의문을 던져줄 이들에 의해 가능할 것이다.